Génération téléphone

Brigitte Cadéac
et
Didier Lauru

Génération téléphone

Les adolescents et la parole

Albin Michel

À Alexandre, Bastien, Florian, Maïlys et Matthias

22, rue Huyghens, 75014 Paris

www.albin-michel.fr

ISBN 2-226-13568-5

Avant-propos

> « Ce qui n'est pas exprimé reste dans le cœur et peut le faire éclater. »
>
> W. Shakespeare

L'adolescence est une phase de la vie marquante pour ceux qui la traversent comme pour ceux qui entourent ce temps de passage difficile. Les parents mais aussi tous ceux qui côtoient les adolescents sont soumis à rude épreuve.

Le téléphone est un outil qui leur permet de parler leur malaise, leur mal-être adolescent. Seule la voix parle, hors corps, à l'abri du regard de l'autre. Ce qui favorise la confidence, autorise l'expression du caché, le dévoilement de l'intime.

L'adolescent est un être en mutation, en devenir. Entre l'enfant qu'il était et l'adulte qu'il n'est pas encore, il éprouve des difficultés à se situer dans sa parole, dans son discours et dans son corps. Il hésite, trébuche sur les mots, tente d'inventer de nouveaux langages pour rendre compte de ses sensations inédites. Les termes usuels lui semblent impropres à traduire sensations et expériences nouvelles. Il cherche et découvre de nouvelles significations.

Les adolescents éprouvent des difficultés à parler et à communiquer. Leurs réticences sont inhérentes au passage adolescent, toujours difficile à négocier. Dans leur monde fait de bouleversements internes et externes, ils ont besoin de trouver leurs propres repères. Désemparés par la puberté, cette métamorphose qui transforme progressivement mais inexorablement leur corps d'enfant en corps d'adulte, ils éprouvent une nécessité vitale à exprimer le tumulte qui les agite. En rendre compte verbalement les soulage dans un début d'élaboration psychique, si minime soit-elle.

Mais à qui s'adresser ? Les parents, auparavant confidents privilégiés, deviennent des êtres d'une banalité affligeante souvent vécus comme trop rigides ou au contraire trop laxistes, et bien sûr incapables de comprendre les méandres de la pensée adolescente ! Quant à ceux perçus trop proches ou trop jeunistes, il y a urgence à leur échapper. Les adultes familiers, qui pourraient prendre le relais, ravivent des ressentis d'enfant, ce que l'adolescent s'efforce précisément de mettre à distance. Les autres, parents d'amis, professeurs, médecins et autres intervenants que les adolescents croisent, les intimident.

Les pairs se présentent alors comme des êtres idéaux pourvus de toutes les qualités. Pour prolonger le temps partagé avec eux, le téléphone est un outil de communication privilégié. Taciturne en famille, restant enfermé dans sa chambre, l'adolescent surprend en devenant loquace au téléphone. Il ne révèle même plus l'identité de son interlocuteur, ce qui irrite ses parents.

Téléphoner offre un temps d'évasion du milieu familial, un début d'autonomisation tout en restant à la maison. Téléphoner, c'est parler, monologuer, tromper l'ennui, ne pas se sentir seul l'espace d'un coup de fil. C'est aussi une possibilité d'échanger, d'évoquer les sujets les plus variés, du plus général au plus intime, en choisissant de dévoiler l'essentiel ou de rester à distance. La généralisation du téléphone portable a délocalisé les appels. Les adolescents ont acquis une plus grande autonomie de déplacement. Leur adresse, leur identité sont désormais concentrées sur le portable. Avec le portable, l'illusion de l'abolition du temps et de l'espace renforce le fantasme adolescent du « tout, tout de suite ».

Dans un jeu entre le près et le loin, entre le superficiel et le grave, l'adolescent peut se dire et se parler au téléphone. Il est aussi avide d'informations et de réassurances. Pour ces raisons, la relation d'aide par téléphone s'est mise au service de la population adolescente.

Les numéros verts à vocation sociale qui affichent gratuité, anonymat et dialogue avec un spécialiste, invitent à parler librement sans que pèse le regard de l'autre, cet inconnu anonyme mais réputé compétent. L'illusion d'un tout possible, d'une impudeur absolue, se trouve favorisée en parlant sans être vu. La parole peut se risquer comme si elle n'était destinée à personne, à moins qu'elle ne s'adresse à soi-même ou encore à tous ceux qui peuvent être représentés par l'écoutant invisible.

Ils disent leurs peurs, leurs doutes, leurs interrogations dans des espaces qui leur sont réservés : radios « jeunes », numéros verts, anonymes et gratuits qui recueillent depuis plusieurs années la parole de milliers d'adolescents anonymes. Cela démontre la pertinence d'une clinique atypique du téléphone, qui a pris une place centrale dans le dispositif de santé publique.

Le téléphone possède cette qualité extraordinaire de permettre de passer de la sphère des ressentis psychiques et corporels les plus intimes à la dimension intersubjective de la relation. Cet échange par le fil du téléphone fait passer le sujet adolescent de l'intime au duel, du privé au public.

La parole donnée aux adolescents est riche d'enseignements, elle autorise à penser que l'avenir leur appartient. L'adolescence est l'avenir de l'homme, même si elle est rivée, un temps, au téléphone.

1.

Les adolescents, hier et aujourd'hui

Une métamorphose

À travers ces lignes, les adultes qui l'ont été ou les adolescents qui traversent ce passage peuvent retrouver des impressions bien connues. Les adultes gardent une image diversement douloureuse de cette période.

Un enfant ou un adolescent ne vient pas de nulle part. Fille ou fils de, l'histoire psychique des parents marque de son empreinte sa préhistoire personnelle.

Les parents d'adolescents sont parfois, bien malgré eux, ramenés vers leur propre adolescence face aux tumultes et aux remous de l'adolescence de leur enfant.

La préhistoire de l'adolescent

Avant d'être adolescent, le sujet humain passe par l'enfance. Cette vérité première mérite d'être rappelée. L'enfant, comme l'adolescent, est un être en devenir. Il croît, il grandit, il évolue.

Médecins et psychanalystes ont souligné la prématurité de l'être humain sur les plans physiologique et psychologique. Un petit d'homme ne peut se mouvoir seul, se nourrir seul, bref, assurer sa propre survie. Bébé, puis petit enfant qui marche, parle, il se sépare par étapes de ses parents, découvre la vie communautaire et les apprentissages de l'école maternelle. Entre 4 et 6 ans, une étape décisive se déroule, marquée par le complexe d'Œdipe. L'enfant vit une forme de puberté psychologique qui n'est pas en phase avec le développement de son corps et de ses organes. Se manifeste alors un amour immodéré pour le parent du sexe opposé et une animosité plus ou moins directement exprimée à l'égard du parent du même sexe. C'est une phase transitoire, prélude à l'adolescence.

Œdipe est un personnage de la mythologie grecque, mis en scène dans le théâtre grec antique chez Sophocle. Une malédiction lancée contre ses parents leur prédit qu'il tuerait son père et qu'il épouserait sa mère. Après une tentative d'infanticide ratée, Œdipe grandit dans une autre famille qu'il croit être la sienne. Arrivé à l'âge adulte, il quitte ses parents et à la croisée des chemins se bat contre un homme qu'il tue. Il s'avérera que celui-ci est son père : Laïos. Il arrive à Thèbes où il résout l'énigme de la Sphinge et délivre cette ville de tous ses maux. En récompense, la ville lui offre en mariage sa reine, veuve depuis peu. De cette union avec Jocaste naîtront quatre enfants dont le plus connu est Antigone. Quelques années plus tard, Œdipe cherchant ses origines découvre qu'il est le fils de Jocaste et de Laïos. Alors il se crève les yeux et Jocaste se suicide.

Freud, s'appuyant sur cette mythologie et sur la pratique psychanalytique, conclut à l'existence d'un complexe dont il montre la portée universelle. Le complexe d'Œdipe est la tendance d'un enfant à éprouver un attachement érotique très fort au parent du sexe opposé, et à développer une hostilité vis-à-vis du parent du même sexe. Celui-ci se déroule principalement sur le plan de l'inconscient, mais trouve sa traduction dans le comportement de tous les enfants dans l'âge de l'Œdipe.

Après quelques années relativement calmes, approche le temps de l'adolescence.

La puberté physiologique réactive le complexe d'Œdipe. En prélude à l'adolescence, c'est une phase transitoire qui, en quelque sorte, récapitule les épisodes précédents. La fille éprouve à nouveau des élans de tendresse à l'égard de son père, qu'elle manifeste avec plus d'ambivalence. La rivalité se ravive avec la mère. C'est le temps des comparaisons parfois acides sur les différences mères filles. Il existe un possible passage à l'acte qui fait peur à tous, adolescents comme adultes. Le processus est inconscient, il ne se formule pas clairement. Dans ces moments, les adolescents ne réalisent pas que leurs corps sont aptes à une rencontre amoureuse. Agacements, replis, tensions qu'ils ne savent expliquer sont des réponses qui permettent une prise de distance.

Le téléphone rend un service essentiel, car il met à distance l'interlocuteur. À l'abri de la présence physique de l'autre, chacun s'autorise une ouverture à la parole, vécue comme moins dangereuse, car à distance des réactions de l'interlocuteur.

Ce n'est plus le moment de parler de sexualité en famille. Une distance physique et psychique est à respecter. Tout rapprochement risque d'être perçu comme une intrusion insupportable dans son monde par l'adolescent. Ce qui paraissait simple devient potentiellement érotisé et érotisable, donc source de conflits.

Une mère confie : « Dès que j'essaie de discuter de prévention sida, donc de préservatifs avec mon fils de 17 ans, il s'énerve, m'envoie promener. Avant les vacances, je voulais lui acheter une boîte de préservatifs pour mettre dans sa valise, au cas où... Il s'est fâché, m'a traitée de folle, d'obsédée. Depuis, je n'ose plus aborder le sujet. Mais je me sens coupable ; s'il était contaminé, quelle horreur, ce serait un peu de ma faute ! »

Bien évidemment, ce jeune homme n'a aucune envie d'aborder des sujets ayant trait à la sexualité avec sa mère. Il pressent l'érotisation possible de la relation avec elle. Il redoute une « surchauffe » de ses ressentis, ce qui donne lieu à un rejet de sa mère, objet possible de séduction. Ce rejet les protège. Il saura se fournir en préservatifs en temps voulu, sans qu'elle ait à intervenir. Il ne serait pas étonnant que, pour la maintenir encore plus à distance, il la trouve « dégoûtante » à table, ou habillée « en vieille ».

Françoise Dolto conseillait de laisser traîner les livres d'informations sur la sexualité plutôt que de les remettre en main propre. Aujourd'hui, ils sont si aisément consultables dans de multiples endroits que les parents peuvent même s'autoriser à ne pas les acheter.

De la puberté à l'adolescence

Les divers spécialistes s'accordent à dire que l'adolescence commence avec le déclenchement de la puberté, à savoir avec l'apparition des premières règles chez les filles et avec les premières éjaculations chez les garçons. Ce repérage physiologique sonne en fait le tocsin d'une horloge biologique programmée. C'est la fin de l'enfance, une page se tourne, vers de nouveaux commencements qui dureront plusieurs printemps.

Ces critères, s'ils sont annonciateurs, ne préjugent pas de l'entrée d'un sujet dans l'adolescence. Pour plus de clarté, il convient d'emblée de séparer la puberté qui est un phénomène physiologique, de l'adolescence qui est un phénomène psychique.

Il y a effectivement deux types de métamorphoses étroitement liées : celle du corps et celle de la relation à soi et aux autres. On peut dire que l'adolescence est le pendant psychique de la puberté physiologique.

« Pubère » vient évidemment de « pubis » et désigne le poil, qui caractérise le passage à l'âge adulte. Ce mot de pubis a donné lieu à la formation du mot *publicus*. Croisé avec l'adjectif *poplicus* tiré de *populus*, peuple, il définissait la population mâle adulte en âge de prendre des décisions en assemblée. Bref, le « public », c'est le peuple des poilus, et les adolescents, des poilus, justement.

La puberté est un phénomène initialisé par une sorte d'orage hormonal qui se déclenche indépendamment de toute volonté consciente de l'adolescent. Il est vécu passivement par celui ou celle qui ne fait que la subir. Si certains empruntent ce passage aisément, malgré quelques troubles temporaires, d'autres restent bloqués à l'orée de la puberté. Ils refusent ces changements qui les inquiètent, voire les obsèdent. Parfois, il peut constituer la source d'un traumatisme. Mais c'est loin d'être la majorité des cas.

L'enchaînement des transformations corporelles

est visible aux yeux de tous et irréversible. Les modifications se font dans le sens d'un agrandissement et d'un élargissement. Les garçons sont fiers de leurs muscles qui augmentent de volume et de la nouvelle carrure de leurs épaules ; ils s'interrogent sur la normalité de leurs organes génitaux, comparent, doutent, parfois fanfaronnent. Les filles regardent d'un œil soucieux leur bassin s'élargir ; elles s'inquiètent ou s'enorgueillissent des dimensions que prend leur poitrine.

Les poils poussent d'abord sur le pubis puis aux aisselles et enfin chez le garçon sur le visage. Le duvet de la moustache, assez disgracieux, est une marque de virilité qu'il faut arborer ou cacher. C'est la partie visible de ce qui est appelé caractères sexuels secondaires, puisqu'ils n'apparaissent qu'à la puberté.

L'ensemble de ces transformations s'étale sur quelques années, ce qui n'est pas sans conséquences sur le plan psychique.

Cette conscience progressive d'un corps devenu apte aux rapports sexuels et à la reproduction ne se fait pas sans quelques interrogations anxieuses et réajustements. L'adolescent se découvre dans la glace, dans le regard des autres. Il ne se reconnaît pas toujours. Il est déstabilisé, doit s'adapter à sa nouvelle image et à celle qu'il donne à voir aux autres. C'est l'époque des longues stations angoissées devant le miroir, c'est le temps des dilemmes vestimentaires. Plus rien ne va !

L'adolescent éprouve un besoin irrésistible de « métaboliser » ses transformations. Le passage par la parole est une nécessité. Il n'est pas aisé de dire cela à un autre en face à face : le fil du téléphone rend la parole plus fluide, comme si l'absence physique de l'interlocuteur faisait croire à son absence réelle. Cependant cette relation ne tient qu'à un fil !

Adolescence a une étymologie éclairante :

— d'une part, *adolescens* est le participe présent d'*adolescere*, grandir ;

— d'autre part, il forme un couple avec son antithétique *abolescere*, qui a donné abolir.

La source commune de ces deux mots opposés en *ad* et *ab* serait *alere*, nourrir, qui a donné aliment, et dont le participe passé est *altus*, haut. L'adolescent est donc celui qui ne saurait abolir, mais croître et grandir.

Si le terme de puberté met en lumière le développement physique de la sexualité, celui d'adolescence souligne le grandissement, la croissance, comme conséquence du nourrissage.

La notion d'adolescence a donné lieu à de nombreuses controverses. L'adolescence, en tant que phase de la vie, n'a pas toujours été repérée comme telle. Une réflexion autour du concept s'est affinée dans les dernières décennies. Aujourd'hui, il existe une pédiatrie et une psychiatrie de l'adolescent.

Le temps est vécu subjectivement et de façon différente pendant cette période.

Les temps à l'adolescence

Le mélange entre l'appréhension de la réalité, les idéaux infantiles et ceux de l'adolescence est souvent dysharmonieux. Elle se rêvait danseuse étoile, il s'imaginait footballeur de renom, ils n'excellent pas dans ces disciplines et ont à résoudre, réduire, transformer leurs ambitions. Leur scolarité n'est pas mauvaise, mais leur persévérance est moindre, alors l'école prestigieuse envisagée est peut-être hors d'atteinte. Et puis le prince charmant sera plus petit que prévu, quelques boutons orneront son visage. La jeune fille devra s'accepter avec ses rondeurs. Pour se rapprocher un peu de ce qu'ils aimeraient être, pour s'aimer comme ils seront, il leur faut attendre.

Mais le temps ne s'écoule plus comme un flot continu, il est discontinu. Il revêt une coloration et une mesure très spécifiques. La morosité, l'ennui, la dépressivité voire la dépression transforment l'évaluation de sa durée. Il s'étire interminablement. À l'inverse, les moments de plaisir procurent un tout autre ressenti : le temps va trop vite, on voudrait le retenir.

Le corps grandit, l'espace de vie s'élargit considérablement, par cercles concentriques hors du milieu familial, les repères temporels comme les repères spatiaux sont considérablement modifiés. L'idée de la mort, de la succession des générations et de la place singulière de chacun dans cet enchaînement a des effets que l'adolescent perçoit confusément. Il se sent mis à nu, sans protection parentale. De là naît une ambivalence foncière : en même temps qu'il voudrait qu'il passe, il y a chez lui parfois refus du temps qui s'écoule, voire de la mort, ce qui le pousse à agir et éventuellement le pousse vers des conduites à risques : il s'agit alors de narguer la mort et d'explorer de nouveaux espaces pour pallier l'impasse de ce temps qui ne peut être infini.

Cette prise de risques s'apparente à l'ordalie médiévale. Au Moyen Âge, au cours d'un procès, on pouvait décider, en l'absence de toute autre preuve, de la culpabilité d'une personne en la soumettant à une épreuve dont l'issue révélerait le jugement. Cette épreuve pouvait revêtir diverses formes très variables selon la gravité de l'accusation. L'accusé devait par exemple s'exposer à une distance plus ou moins grande d'une barre de fer rougie au feu, ou marcher pieds nus sur une série de socs de charrue chauffés au fer rouge. Si son corps ne portait pas de traces de brûlure, il était réputé innocent. Dans le cas contraire, il était déclaré coupable. Dieu, était-il supposé, avait décidé de l'issue de l'épreuve et la justice humaine ne pouvait qu'approuver le verdict.

Les adolescents qui flirtent avec les risques extrêmes s'appliquent à eux-mêmes ce mode de jugement barbare, se croyant héroïques. Cette conduite désespérée est une façon de prouver à soi et aux autres son invulnérabilité et de nier sa condition de mortel.

Ils peuvent aussi manifester une acceptation résignée et fataliste de l'idée de la mort, comme fin incontournable de la condition humaine. Elle se traduit par de longues phases d'ennui douloureusement vécues et par la fréquence d'idées noires. Le terme judicieux de morosité[1] est très parlant pour illustrer la dépressivité de la « bof génération ».

Une autre voie est celle du temps suspendu. L'adolescent désire que rien ne bouge devant une situation de vie où les différents repères se mettent à changer. La comparaison avec ce que les astrophysiciens nomment les trous noirs est jusqu'à un certain point juste. La lumière est absorbée par ces trous noirs, qui la capturent et la ralentissent, puis après un temps variable, elle reprend sa vitesse usuelle. Les trous noirs rappellent le temps du deuil infaisable dont les romantiques ont si bien parlé : « Ô temps, suspends ton vol... »

1. Mâle P., *Psychothérapie de l'adolescent*, PUF, 1999.

Les adolescents vivent ces épisodes de « temps entre parenthèses », refuge devant l'angoisse à aborder la vie qui s'annonce. Ces temps suspendus sont les heures au téléphone, à l'abri des regards et des oreilles indiscrètes. Ces heures d'isolement dans le cadre familial génèrent bien souvent des conflits. Ainsi, ils s'arrêtent au milieu du tumulte de leur nouvelle vie, refusent pour un temps de regarder en avant.

C'est dans ce contexte que se jouent leurs difficultés à se projeter dans l'avenir, à se représenter les conséquences des négligences qu'ils répètent quant à leur scolarité ou leur santé. Les discours raisonnables des parents se heurtent à cette mise en perspective du temps si différente. Un parent conscient de l'échec de son enfant et des possibilités qui limitent l'avenir de celui-ci dira de façon maladroite « tu gâches ton avenir, tu te sabordes » quand l'adolescent ne sait simplement pas comment se situer dans son corps comme dans sa pensée.

Les figures de l'identification

Pour tenter de cerner la construction d'un adolescent, il est nécessaire de développer quelques notions psychanalytiques.

— L'identification est connue de la psychanalyse comme expression première d'un lien affectif à une autre personne.

— L'être humain a deux objets sexuels originaires : lui-même et la femme qui lui donne les soins, en général la mère.

— L'objet en psychanalyse est une personne ou une partie d'une personne sur laquelle se projettent ou se fixent des motions affectives diverses : amour, haine, jalousie, identification, projection de ses propres sentiments, etc. Donc, quand il est ici question d'objet, c'est d'une personne qu'il s'agit.

— Les mécanismes d'identification se mettent en place précocement chez le bébé, et gardent un caractère durable.

Freud[1] précise : « L'identification est le stade préliminaire du choix d'objet. » En effet, c'est la première manière, ambivalente dans son expression, qu'a le moi d'élire un objet. Il voudrait s'incorporer cet objet et cela conformément à la phase orale de son développement. Littéralement il voudrait le manger, l'intégrer en lui. Il faut donc concevoir l'identification comme le fait d'ingérer une partie de l'autre aimé ou haï.

Le bébé a comme premier objet d'amour sa mère. Puis il se tourne vers d'autres objets d'amour. Cette opération s'effectue différemment selon le sexe de l'enfant. Si la fille prend pour modèle celle qui fut son premier objet d'amour et se tourne vers un autre, différent, le père, le garçon, lui, reste attaché à la mère sur le plan œdipien : il va à la recherche d'objets qui soient susceptibles de la remplacer, par exemple la maîtresse d'école ou l'assistante maternelle.

Car vouloir être le père et prendre sa place expose à sa vengeance. Enfants et adolescents évoquent des fantasmes de dévoration. Cette crainte renvoie à des processus primaires de la toute petite enfance. Elle s'exprime dans des jeux ou dans des préoccupations diverses : depuis la nuit des temps et la disparition des loups en Europe occidentale, cet animal reste la

1. Freud S., *Métapsychologie*, Gallimard, 1985.

source de nombreuses peurs et fantasmes centrés sur la dévoration.

À l'adolescence, on se choisit des modèles et on veut leur ressembler. L'adolescent veut ressembler à telle star, il veut s'approprier toutes ses qualités pour être aimé des autres comme il aime lui-même cette star.

Ces figures des identifications sont à rapprocher des phases très précoces du stade du miroir.

Le retour du stade du miroir

Le stade du miroir, observable par tous les parents, est un moment structurant pour le développement de l'enfant. Il intervient entre 8 et 18 mois. Le petit enfant se regarde dans la glace et entrevoit pour la première fois une image de son corps « rassemblée ». Jusque-là, il percevait son corps comme morcelé entre ses différentes parties, en y incluant aussi des parties du corps de sa mère. Ces mains qui le manipulent, qui prennent soin de lui au quotidien, étaient vécues comme le prolongement de son propre corps.

Ce stade est repérable du fait de la jubilation qu'éprouve le petit enfant devant son image. Ce, d'autant qu'il voit alors clairement sa mère comme distincte de lui. Il peut ainsi s'identifier à l'image qu'il découvre dans le miroir. Il rit aux éclats, sollicite l'attention des autres, est manifestement ravi de cette découverte.

Puis l'enfant découvre peu après qu'il ne comble plus la perte de sa mère. Ce manque est incontournable, chacun y est soumis. Les êtres humains sont désirants et doivent renoncer à la toute-puissance. Les structures élémentaires de la parenté se perpétuent dans l'imaginaire de tous, tandis que se transmet parallèlement le registre symbolique de la loi. Cette loi est universelle, elle repose sur un postulat simple : l'interdit de l'inceste.

Plus tard, l'adolescent va passer par une forme de retour du stade du miroir : bouleversé voire débordé par le remaniement pulsionnel, des mécanismes d'identification secondaires se mettent en place. Ces identifications secondaires sont comme une succession d'identifications avec des objets aimés qui permettent à ce qu'on appelle le moi en psychanalyse de prendre forme.

Pour Lacan [1], le moi est fait comme un oignon. Si on pouvait le peler, on verrait la succession des identifications qui l'ont constitué.

Le moi « copie » une fois la personne aimée et l'autre fois la personne non aimée. Plus important encore, dans les deux cas, l'identification est partielle, et n'emprunte qu'un seul trait à la personne aimée. Un adolescent qui s'identifie à une idole du show-biz ou du sport emprunte une seule qualité, qu'il s'attribue consciemment et inconsciemment. Au téléphone, il est frappant d'entendre des similitudes de voix entre un père et son fils adolescent. Cela participe d'une identification inconsciente et moins d'une imitation.

Les parents destitués

Le repli narcissique caractérise la position centrale de l'adolescent. Il essaie de s'aimer, mais il n'y arrive pas. Il se juge fragile et incomplet, il se vit comme un écorché vif.

1. Lacan J., *Séminaire I*, 5 mai 1954, Le Seuil, 1981.

Le repli est aussi généré par le retrait des investissements sur les parents. Il se produit une bascule des identifications. Jusque-là, les parents étaient perçus comme des êtres exceptionnels, uniques, dignes d'être aimés voire adorés. Ils vont progressivement être délogés de cette place ô combien idéalisée. Jour après jour, ils apparaissent aux yeux de leurs enfants comme des personnes ordinaires, vulgaires, dans le sens de communs. Ils sont dépourvus des qualités qui leur avaient été attribuées durant toute l'enfance. Dans ce temps, si peu éloigné, les figures parentales endossaient la fonction protectrice et la fonction aimante qui alimentent le narcissisme. Elles procuraient un minimum d'amour et d'estime de soi, fondamental à la constitution du sujet et à la continuité de son sentiment d'existence.

Quand l'adolescent rejette ses parents, il se prive dans le même mouvement du caractère protecteur de ceux-ci.

Le changement de registre narcissique a été qualifié de « complexe du homard » par Françoise Dolto. Cette image rend en effet bien compte de la fragilité de l'adolescent qui perd l'enveloppe protectrice assurée par les images parentales. Il se trouve ainsi à la merci des autres sans protection, sans cette sécurité de base nécessaire à tout être humain. Il devra se forger sa propre enveloppe narcissique, ce qui ne se fera pas en un jour ni sans troubles.

Les adolescents se situent dans un entre-deux. Il y a les figures parentales qui déclinent et celles des pairs qui montent, incarnées par le groupe, par le ou la meilleur(e) ami(e). Ils se situent aussi entre deux narcissismes, celui des parents qui assurait jusque-là une continuité de leur estime de soi, et celui qu'ils doivent se construire eux-mêmes au fil de leur expérience de vie.

Ces mouvements ne se font pas en un jour, mais s'étalent sur quelques années. Il faut parfois beaucoup de patience aux parents pour que ce passage délicat se produise sans trop de heurts.

Être la cible des attaques permanentes de l'enfant devenu adolescent s'avère parfois douloureux. On observe au quotidien la réactivité importante des adolescents. Ils s'enflamment au moindre mot soudainement compris dans un sens persécutif, alors que l'intention était sans arrière-pensée. Ils sont perpétuellement sur leurs gardes. Tout mouvement est perçu comme une menace à l'intégrité psychique ou corporelle.

Cette passe adolescente bonne ou mauvaise se fait rarement sans dommages ou accroches. Ainsi parle-t-on couramment de la crise d'adolescence. Certaines de ses conséquences sont visibles dans l'utilisation du téléphone, qui ne manque pas de générer des conflits entre parents et adolescents.

L'adolescence, un passage difficile

Paul Nizan a écrit : « J'avais vingt ans. Je ne laisserai personne dire que c'est le plus bel âge de la vie. »

Il en est de même pour tous les âges de l'adolescence.

La crise adolescente

En première approche, il nous faudrait dire qu'il n'y a pas d'adolescence sans crise. L'expression « crise adolescente » recouvre cependant mal l'ensemble des problématiques psychopathologiques qui caractérisent la traversée de l'âge adolescent. Il est de nos jours plus courant de parler de crises au pluriel, pour tenter de mieux rendre compte d'une évolution par paliers. L'adolescence est un processus maturatif et évolutif. Il n'existe pas de processus d'adolescence sans crise, sans à-coups qui viennent marquer des temps de rupture entre une étape et une autre.

Le téléphone incarne l'espace intermédiaire où les changements vont pouvoir se dire, les transformations se parler, comme pour mieux les sentir et les faire exister ; c'est en cela qu'il est fréquemment associé à cette période de crise.

Le terme crise est dérivé du latin *crisis,* au sens de « phase décisive d'une maladie ». Crise est donc à l'origine un terme médical, qui par extension s'applique au domaine psychologique, au sens d'accès avec des manifestations violentes. Il se spécialise dans deux domaines, individuel : la crise d'adolescence, et collectif : la crise économique.

Le corps se transforme sous la pression conjuguée du biologique, du somatique et du sexuel. La métamorphose que Kafka a si bien décrite se fait dans un mouvement multidirectionnel. La première parole dite à un adolescent que l'on n'a pas vu depuis longtemps est souvent : « Comme tu as changé ! » Rien de plus agaçant, voire de plus dérangeant, que d'être ainsi confronté à sa propre image modifiée.

La mue est une métaphore de ce qui se joue d'une façon plus générale pour le corps comme pour le psychisme de l'adolescent. Au téléphone, la voix d'un adolescent change tellement qu'il n'est plus identifiable grâce à elle. La mue chez le garçon est très évidente et déroute bien des interlocuteurs. La voix de la jeune fille change aussi, et devient difficilement reconnaissable.

Les crises vont se dérouler successivement sur différents terrains, généralement là où le parent s'y attend le moins. Les adolescents vont interroger, parfois à leur insu, des pans entiers de l'histoire de leurs parents. Ils les provoquent au cœur de leurs difficultés. Dépressions, maladies, soucis professionnels, voire sentimentaux, ont des répercussions sur les adolescents. Malgré ces attaques portées là où ils devinent une faille, les adolescents ont besoin de parents qui font face et qui « tiennent le choc ». Si, pour une raison quelconque, un parent s'effondre, l'adolescent va très vite ne plus croire en lui, au risque d'un mal-être qui peut devenir grave.

Le conflit est une des manifestations les plus communes des crises adolescentes. Difficilement évitable, il permet d'affirmer tranquillement : il n'y a pas d'adolescence sans conflit. C'est une forme d'appel à l'autre. À un autre consistant, sorte de rempart symbolique.

Quand l'adolescent va mal, il a besoin de trouver des adultes qui fassent référence, qui soient des garants symboliques stables. Un adulte de l'entourage peut tenir cette position dans son être et dans sa parole, à condition qu'il l'accepte. La tâche est rude, il faut tenir le cap. La tempête est proche quand l'adolescent est dans l'océan du conflit, à la recherche d'amarres sûres.

Il s'agit d'entendre le conflit, de l'accueillir, de le recueillir. Il faut qu'il puisse s'exprimer, du moins dans des termes entendables. En cas d'échec de résolution des tensions graves, la traduction s'opère par divers troubles, souvent dans le comportement. Dans la majorité des situations, les conflits trouvent des solutions acceptables pour tous les protagonistes. Ainsi alternent accalmies et turbulences sans cesse renouvelées...

Mais une donne bouleverse considérablement le mode de pensée et aussi de relation aux autres, c'est l'irruption du sexuel.

Le rapport amoureux

L'âge adolescent est le printemps de la vie, c'est la saison où l'amour éclôt. C'est un temps difficile où l'attirance vers l'autre sexe n'est pas aisée, où la maladresse, la gaucherie, la gêne sont présentes à tous les instants.

Cet appel vers l'autre, cette attirance amoureuse et sexuée ne se fait pas sans difficultés ni sans heurts [1]. À vrai dire, il ne s'agit pas du premier amour quoi que prétendent les poètes et les romanciers. Il fait en effet écho au véritable premier amour qu'est pour tout sujet humain sa mère ou son substitut.

Tourgueniev dans son roman *Premier amour* décrit un adolescent de 16 ans qui aperçoit une jeune fille en train de jouer avec d'autres. Il en tombe aussitôt

1. Lauru D., *Tomber en amour*, Érès, 2001.

amoureux. La description de ce premier émoi est subtile et délicate : « Il y avait tant de charme, de tendresse impérative et moqueuse, de grâce et d'élégance dans les mouvements de la jeune fille (elle m'apparaissait de biais) que je faillis pousser un cri de surprise et de ravissement [...]. Je dévorais des yeux cette taille svelte, ce petit cou, ces jolies mains, ces cheveux blonds légèrement ébouriffés sous le fichu blanc, cet œil intelligent à moitié clos et cette joue veloutée... » Cette histoire d'amour s'achève mal, néanmoins la description incarne magnifiquement ce « premier amour », temps adolescent nécessaire, passage obligé par une idéalisation.

À la suite du premier amour voué à la mère, succèdent d'autres figures d'amour, le père bien sûr, puis les autres membres de la famille. À l'adolescence, la reviviscence de l'Œdipe va entraîner une cascade de remaniements.

La sexuation marque cette période. Au plan psychique, c'est la revalidation du sexe anatomique. Depuis le plus jeune âge, le sujet se sait garçon ou fille, c'est ce que son entourage lui renvoie. Arrivé à l'adolescence, il doit se confirmer, à ses yeux comme aux yeux des autres, qu'il est bien un garçon ou une fille. Entre-temps, la puberté a imprimé son empreinte et ses transformations, en particulier sur le plan sexuel. Certains éprouvent un malaise face aux modifications de leur corps qui les assignent radicalement à l'un ou l'autre sexe. Telle jeune fille tente de masquer une poitrine ayant pris un volume important. Tel jeune homme arbore fièrement un duvet de moustache jusqu'à ce que des remarques inopportunes lui fassent se raser le moindre poil qui apparaît. Assumer son sexe anatomique, sans en ressentir de la gêne, relève momentanément d'un impossible pari. Les tenues, les coiffures, appelées improprement unisexes, alors qu'il faudrait dire ambisexuées, qui peuvent appartenir aux deux sexes en même temps, emportent tous les suffrages. Le jeune éphèbe, selon le mot grec, se veut volontiers androgyne, la jeune fille aussi cultive l'ambiguïté sexuelle.

La délicate décision du choix d'objet amoureux et sexuel intervient et pour presque tous cette étape se déroule naturellement, sans questions particulières si ce n'est de tenter de trouver l'âme sœur.

Certains, cependant, sont hésitants entre un choix hétéro ou homosexuel. Cette oscillation, banale à l'âge adolescent, se manifeste par une série de choix et d'essais, qui ne sont pas déterminants pour la sexualité à venir. Le meilleur ami, ou la meilleure amie, est rarement élu sans affinités d'allure homosexuelle. Il n'est qu'exceptionnellement question de passage à l'acte, il s'agit plutôt de dispositions qui troublent l'adolescent, lui faisant craindre des tendances homosexuelles.

À l'orée d'une vie adulte, la sexualité est à la fois en recherche et en devenir. Elle ne coule pas de source pour tous. La stabilité des choix amoureux et sexuels, qui permet de s'épanouir selon son inclination, va procéder d'un certain nombre d'étapes. Elles aboutissent dans un premier temps à la concrétisation de la relation amoureuse puis plus tard à la relation sexuelle. Approcher l'autre, l'appréhender dans sa réalité sociale et surtout dans sa réalité d'être sexué, n'est pas chose simple. Les allusions énoncées au téléphone permettent de s'essayer au discours amoureux. La dimension de la honte, rarement absente, est atténuée, amoindrie, par la soustraction du regard.

L'inhibition se lève partiellement, la parole se libère d'autant.

La relation amoureuse s'instaure avant tout dans le registre imaginaire. L'être aimé est placé sur un piédestal. On lui attribue toutes les qualités qui sont en fait celles où l'on ressent du manque en soi. Il existe alors une véritable hémorragie du moi vers l'autre. Le sujet amoureux devient quasiment inexistant au profit de l'être aimé. Cette idéalisation forcenée de l'autre rend compte d'un aveuglement électif pour les éventuels travers de l'être aimé. Il a zéro défauts, dit-on. Bien sûr l'avenir réserve quelques désillusions. Le filtre rose s'assombrit et arrive le moment d'un autre apprentissage, celui de la rupture, de la séparation et du chagrin d'amour...

Sortir... sortir avec

Une étape décisive est certainement le premier baiser. C'est le lieu de la rencontre avec le corps de l'autre et qui plus est avec l'intérieur du corps de l'être aimé. Cela donne lieu à un échange de fluide qui, outre le plaisir procuré par le baiser, lui confère une dimension symbolique particulière. Le baiser est le lieu de toutes les interrogations et de tous les fantasmes. Les adolescents, qui pourtant voient des amoureux qui se bécotent sur les bancs publics, des images de baiser d'« amoureux » au cinéma ou à la télévision, continuent de s'interroger sur cette pratique.

Cette étape apaise quelques craintes mais pas toutes, car le plus difficile est à venir. C'est la rencontre du corps de l'autre, de la chair de l'autre. La sexualité s'aborde de manière très différente selon les individus. Certains seront dans une urgence à expérimenter une sexualité agie, tandis que d'autres attendent ou restent dans une expectative anxieuse.

Parmi les poètes de l'amour, les troubadours des XIIe et XIIIe siècles ont chanté l'amour courtois. Mêlant poésie, amour et chanson, ils ont loué les qualités de la dame aimée, souvent une femme de noble ascendance. Cette poétique amoureuse mettait la réalisation de l'acte amoureux à distance et repoussait à un avenir toujours plus lointain la réalisation de l'acte amoureux et sexuel. Il existait une codification très précise des étapes à franchir dont les deux premières étaient de donner des espérances, puis d'accorder un baiser.

Ces pratiques médiévales avaient pour mérite un respect du désir de la femme. Il semble que bon nombre d'adolescents et d'adolescentes pratiquent, à des siècles de distance, ces usages tombés en désuétude.

Le canal du téléphone est idéal pour ce badinage, ce flirt qui ne dit pas encore son nom. La généralisation du portable, qui sera interrogée plus loin, permet que ces fractions de discours amoureux se disent depuis n'importe quel lieu, à l'abri du groupe familial.

À l'opposé, d'autres adolescents sont dans une urgence à réaliser l'acte sexuel. Ils veulent expérimenter à tout prix ce qui peuple leur univers psychique et qui habite l'essentiel de leurs fantasmes. Aux yeux de leurs pairs, il faut « l'avoir fait ». Le plus souvent, ce passage à l'acte est prématuré au regard de l'immaturité psychique dans laquelle ils se trouvent.

Ceci n'est pas un point de vue moral sur l'âge idéal pour passer à la sexualité agie qui demeure une affaire singulière et unique à chacun. Toutefois, la pratique avec les adolescents montre que ceux qui s'y aventurent avant d'avoir accédé à une certaine maturité, à un minimum d'acceptation de leur nouvel état, s'avancent sur un terrain miné. Dans les meilleurs des cas, c'est la déception qui en résulte. Il s'ensuit une période d'accalmie relative dans ce domaine. Il leur faut prendre le temps pour que se réalise le travail psychique nécessaire à subjectiver ce qu'ils viennent de vivre et pour se préparer à affronter à nouveau le corps de l'autre. Cet autre sera alors perçu comme un véritable alter ego, affect et désir sexuel étant enfin associés. Cette dimension est rarement présente lors des expériences sexuelles précoces.

La dynamique de la relation amoureuse transforme la personnalité. L'amour transforme du simple fait de s'éprouver. C'est aussi une expérience qui amorce la séparation du milieu familial devenu trop étroit face aux attraits de l'extérieur. Garçons et filles sont irrésistiblement attirés par les charmes et les sirènes du dehors. C'est le temps du sortir, du « sortir avec », expression qui ne se démode pas.

Sur un plan très général, les différents niveaux de la problématique amoureuse occupent une très grande partie des conversations et des questions d'adolescents. Cette approche d'une intimité qui les déconcerte se fait dans les meilleures conditions dans le contexte des conversations à deux et bien sûr au téléphone !

Les histoires d'amour finissent mal, en général

À l'adolescence, les amours passent. Chercher l'âme sœur, qui ne se trouve pas forcément au premier essai, participe de la construction du sujet.

Un des aléas de la relation amoureuse, la rupture sentimentale, entraîne parfois des conséquences qui dépassent la simple déception. Dans ces circonstances, se rencontrent des tableaux de dépressivité voire de dépression. Hors de ce cadre, la dépressivité adolescente est du ressort d'une quasi-normalité. Cette impression de vide, de difficulté à se sentir exister se retrouve de façon courante. Elle s'accompagne d'un mal à vivre, pénible à supporter au quotidien. Elle est interrompue de façon plus ou moins durable par les phases euphorisantes de la rencontre amoureuse et risque de s'intensifier à l'occasion d'un chagrin d'amour. Les adultes doivent prendre garde à ne pas minimiser la perte que ressent le jeune. Au téléphone, il passe des heures à se plaindre de l'autre, de son manque d'égards, de la douleur de la perte. Le téléphone, temps suspendu, qui incite à l'intimité, au rapproché, à la confidence, est une étape nécessaire qui soulage la souffrance, évitant l'enkystement de ces affects.

Ces sentiments, qu'ils aient à voir ou non avec un échec amoureux, ont un retentissement dans le comportement : la passivité.

Mal à être

Ce trait se retrouve régulièrement. Fille ou garçon, il a du mal à agir, comme empêché, inhibé par ce qui l'embarrasse dans son corps et dans sa psyché. Cette passivité répond à celle avec laquelle se subissent les transformations pubertaires. Ce processus biologique se déroule et se poursuit, inexorablement, indépendamment de la volonté. Il entraîne des attitudes paradoxales.

Il ne fait rien...

La passivité est un temps de respiration, de digestion des transformations adolescentes. Elle est mal supportée par l'entourage, en particulier familial. Il n'est pas de jour où l'adolescent ne s'entend dire qu'il faut qu'il se bouge, qu'il fasse quelque chose. Il lui est enjoint de sortir de la torpeur qui le fige devant un écran ou devant le vide. Bien souvent aussi, il lui est reproché de passer des heures à papoter au téléphone ! On ne dit jamais des minutes mais des heures, reflet du caractère insupportable de ce qui échappe aux adultes quand un adolescent est au téléphone.

Cette politique de l'attente, de la non-décision, de l'incapacité de passer à l'action a des conséquences néfastes sur la scolarité de bon nombre d'élèves. Sanctions, incitations multiples à travailler, disputes perturbent alors la vie familiale. L'injonction à prendre leur destin en main leur indiffère, eux ne rêvent que de ne rien faire.

À un degré supplémentaire, existe la dépression adolescente qu'il faut distinguer de la simple passivité. Cet état est plus marqué et implique d'être repéré à temps afin que se mettent en place des mesures pour qu'il soit aidé de manière appropriée. Le risque majeur est bien sûr une crise suicidaire avec une tentative agie à laquelle les adolescents ont parfois souvent recours.

Il faut cependant distinguer les idées suicidaires, c'est-à-dire l'idée de se donner la mort, du scénario suicidaire qui est déjà beaucoup plus élaboré, et plus inquiétant. Il indique l'éventualité plus forte d'un passage à l'acte de suicide. Le rôle de l'entourage familial et amical est essentiel pour déceler à temps des difficultés existentielles qui risquent de mettre en jeu la vie d'un adolescent.

La parole, l'expression des affects et de cette douleur d'exister particulière à l'adolescence sont à encourager comme permettant la mise en mots, en représentation de ce vécu si pénible. Mais la pratique montre que, même au téléphone, il est très délicat de parler de son envie de mourir. La pudeur, la honte ou la culpabilité entravent une parole possible même à une voix au téléphone. Un degré de confiance suffisant doit s'installer avant que l'adolescent, pourtant si familier du téléphone, ose l'utiliser pour parler de ses idées suicidaires.

Les bizarreries

Les adolescents ont parfois des propos, des attitudes, des comportements qui peuvent paraître bizarres aux yeux de leur entourage. Il est opportun ici de ne pas trop stigmatiser la « crise d'originalité » qui voit tel adolescent adopter tel type vestimentaire ou telle mode capillaire. Tout changement de comportement ou d'attitude n'est pas à mettre sur le compte d'un symptôme inquiétant et dangereux pour l'équilibre psychique. De nos jours, un adolescent qui demande à ses parents un piercing ou des pantalons troués est plus une victime de la mode qu'un original excentrique qui pourrait donner souci. Un adolescent a le droit à une morosité ou une dépressivité passagère, temps de respiration de « surplace » ou de régression, avant de se remettre à grandir et à avancer. Si le mal-être est pour 42 % des parents interrogés[1] le principal sujet d'inquiétude concernant leurs enfants, il est inapproprié de s'alarmer trop systématiquement. Il est plus recommandable d'accompagner ces mouvements passagers sans dramatiser.

Cependant, si des propos ou des attitudes inhabituelles persistent, il convient alors de s'inquiéter, de s'approcher de l'adolescent et de tenter de l'aider à verbaliser une souffrance ou une problématique douloureuse. C'est dans ce cadre particulier que des propos défaitistes ou des idéations autour de la mort sont à prendre au sérieux. Être à l'écoute de l'adolescent permet de repérer les indices d'un mal-être naissant ou qui s'installe comme une façon d'avoir mal à la vie qui ne peut se dire que sous cette forme.

Le cannabis

Les adolescents contemporains sont confrontés à un phénomène qui touche toutes les couches sociales. Nos sociétés les incitent à consommer toujours plus d'objets et de biens. Ils sont sollicités sur de nombreux plans, dont les substances toxiques. Le cannabis est ainsi entré dans les collèges, les lycées et dans tous les lieux qu'ils fréquentent. À 17 ans, 50 % des

1. Enquête Fondation de France et Fil Santé Jeunes, concernant les relations des parents avec les adolescents en 2002 (www.fdf.org).

garçons et 41 % des filles interrogés en 2000, pour l'enquête ESCAPAD de l'Observatoire français des drogues et des toxicomanies (OFDT), ont déjà essayé au moins une fois d'en fumer. 23,8 % des garçons de 17 ans déclarent avoir fumé au moins dix fois au cours des douze derniers mois ; ils sont 28,5 % à 18 ans et 32,7 % à 19 ans. La proportion de filles est plus faible.

C'est un fait. Force est de le constater et de tenter de le comprendre.

Les méfaits et la toxicité réels du cannabis sont encore controversés même si ce produit est un toxique au même titre que le tabac ou l'alcool. Le débat actuel sur la dépénalisation semble mal posé tant qu'il se cantonne à parler exclusivement du cannabis et qu'il ne traite pas de façon globale le rapport des adolescents avec les substances toxiques, à commencer par la cigarette et le verre d'alcool qui accompagnent toute réunion entre amis. Le cannabis a en effet plutôt tendance à se consommer dans des ambiances festives.

La dimension transgressive est un des attraits de la consommation. Il est opportun de rappeler aux adolescents que la vente reste interdite et qu'elle est punie assez sévèrement par la loi. Quant à la consommation, elle demeure théoriquement répréhensible. En France, les réponses pénales varient selon les départements.

Les autres types de drogues n'ont pas cette dimension de phénomène de masse que possède le cannabis, et sont a priori plus inquiétants quant aux répercussions sur la santé et aux effets sur la vie relationnelle. Il n'y a pas de commune mesure entre un adolescent qui fume du cannabis à l'occasion et un toxicomane dépendant. Toutefois, il convient de rappeler qu'outre les effets relaxants et anxiolytiques recherchés, la consommation régulière a tendance à émousser la volonté et les capacités de concentration. Ce qui, bien sûr, ne va pas de pair avec les exigences du milieu scolaire ou professionnel.

Un dialogue confiant doit s'établir avec les adolescents, pour rappeler les limites et les enjeux de ce type de consommation, sans dramatiser mais en mentionnant les interdits.

Les adolescents sont dans une mouvance existentielle. Ils appréhendent un monde nouveau qui s'offre à eux. Ils sont avides de connaître le monde, de s'y confronter, de tenter de dominer leur environnement. Ils ont une soif de connaître et une faim de savoir.

Génération téléphone

C'est sortir de la passivité adolescente que de se mobiliser dans la connaissance, de rechercher des informations sur tout.

Ils ont une capacité à s'adapter et à ingurgiter des savoirs tels qu'il faut leur laisser l'opportunité d'apprendre et leur laisser libres et ouverts les chemins de la connaissance.

Parler, réfléchir, agir deviennent des processus dont l'adolescent acquiert une conscience aiguë. Il s'intéresse à son propre fonctionnement, se découvre et simultanément se doit d'assumer les transformations de son corps et de son esprit. Il cherche à harmoniser ses nouvelles aspirations aux acquis de son enfance. Il cherche à exister seul, à se dégager du contrôle parental, à se dérober aux regards trop curieux voire inquisiteurs, redoutant particulièrement l'œil maternel. Pas encore adulte, il ne peut se « débrouiller » seul, ce dont, de façon caractéristique, il va accuser ses parents projetant sur eux ses propres insuffisances et impasses. Coincé entre ses envies d'indépendance et ses besoins qui le rendent à ses yeux trop dépendant, il va se sortir de ce conflit par une prise de distance, une pudeur, une opposition fréquente et plus ou moins bruyante avec les parents. Paradoxalement il cherche le regard, l'attention, et se sent attaqué parce que observé. Il s'emporte à la moindre « observation ».

Trouver « ailleurs » qu'auprès ou à côté des parents un recours, un interlocuteur compétent, prend tout son intérêt.

L'impossible des discussions familiales

En famille, les discussions intimes comme les rapprochements physiques sont plus difficiles et plus rares. À cette période de la vie on s'affronte, on se mesure quotidiennement à propos de sujets à moindre risque, la scolarité, la télévision, les sorties. Tout ce qui peut faire « rapproché », est, en revanche, plus ou moins consciemment redouté, évité.

Dans un mélange d'impatience et de crainte, il ou elle attend la mue de la voix, la transformation du pénis, de la poitrine, de la pilosité, les boutons d'acné, la première éjaculation, les premières règles.

Quel parent n'a été tour à tour intrigué, amusé, irrité de constater l'allongement du temps passé devant un miroir à se contempler par cet enfant qui, quelque temps auparavant, accordait si peu d'importance à son aspect physique ? Son corps a changé, il se regarde parce qu'il ne se reconnaît pas tout à fait, il se découvre, se cherche.

D'où lui vient ce nez qui s'est épaissi, va-t-il devenir comme celui du grand-père ? Les copains vont-ils se moquer de ce visage qui se déforme ou accepter ces traits qui se modèlent et s'affirment ?

La question qui taraude l'adolescent de façon plus ou moins vive devient : « Suis-je normal ? » Où trouver les critères de cette norme ? Les parents, il est hors de propos de leur dire que « ça y est ». Pudeur, gêne, refus d'être questionné coupent tout dialogue possible. Fille ou garçon s'enferme dans la salle de bains, perplexe. Elle accepte mal ces hanches qui s'élargissent, s'amollissent, cette poitrine qui n'a pas du tout ni la taille ni la forme espérées. Il est déçu par ces épaules, ces muscles, ce sexe pas assez virils. Ils aimeraient ressembler à leurs idoles médiatisées et en même temps pressentent la satisfaction d'être soi, différent et singulier mais normal, intégrable au groupe de leurs semblables sans s'exposer à des critiques blessantes, à des moqueries, sans cette terrible crainte d'être rejeté de ce monde encore presque inconnu de la séduction.

Si une normalité esthétique les préoccupe, la normalité de leurs ressentis se révèle un souci plus complexe. À quels repères se conformer et se fier ? Comment se « regarder » à l'intérieur ? Que devinent les autres et en particulier les parents de toutes ces pensées troublantes qui traversent ou envahissent la tête ? Pourvu que rien n'en transparaisse, s'inquiète-t-on. Rêveries, fantasmes à garder secrets, envies d'explorer ces nouveaux désirs, d'appréhender le sens de la vie, de la mort, est-ce normal ? Comment en savoir plus en ne s'exposant pas ? En devenir, il y a les jours où ils s'aiment, ont envie de partir à la conquête de leur vie, et les jours déprimants où ils se sentent « moches », perdus. Cependant il leur faut continuer sans toujours oser demander, sous peine de se sentir régresser, ce qu'ils considèrent humiliant, du réconfort à ces parents qui hier résolvaient tout ou presque. Pour comprendre, intégrer ces informations qui touchent à l'intime, ils doivent faire fi de leur pudeur et trouver à qui faire part de leurs interrogations.

La liberté de ton et d'échange que procure le téléphone est idéale pour ces questions aussi aiguës que pressantes.

Hors du cercle de famille

Dans ce contexte d'isolement, l'adolescent souhaite multiplier les questions et réentendre les réponses. Les romans, les films, s'ils soutiennent la rêverie et stimulent l'imagination, n'apportent pas de réponses concrètes. Les émissions de type reality-show[1], aux intimités affichées, satisfont un peu de cette curiosité permettant de vérifier l'ordinaire de certains tracas et l'anormalité d'autres drames mais les précisions attendues, à rapporter à sa propre histoire, demeurent trop souvent insuffisantes. L'école, avec un succès mitigé, s'attache, elle aussi, à participer, au travers de l'éducation à la santé des élèves, à une tâche collective

1. Qualifiées de « télé poubelle », les émissions du type Loft Story, Koh-Lanta, Star Academy, etc., sont fabriquées sur mesure pour un public jeune.

de prévention, d'information. Dans ce lieu de vie autre que la famille où se croisent enseignants, personnels de santé, élèves, des apprentissages concernant le corps, les relations aux autres peuvent s'acquérir sur un mode global, protecteur, dans une réduction des inégalités familiales, sociales, culturelles.

Les informations dispensées par l'école, associées à d'autres plus individuelles, favorisent une connaissance et une relative maîtrise, un respect du corps, développent l'esprit critique, l'autonomie, ouvrent vers des ressources et des compétences diverses. Mais la parole n'est pas vécue comme libre, les comportements souvent jugés dangereux sont analysés sous l'angle du risque.

Alors, à qui parler ?

Des lycéens interrogés à l'occasion d'un forum santé précisaient se sentir mieux compris par un camarade ou par un jeune adulte que par un adulte d'expérience. Accordant aux plus âgés plus de connaissances et de sagesse, ils les trouvent trop éloignés de leurs préoccupations pour être aptes à les comprendre. Plus qu'une réponse « scientifique » ils attendent un échange au cours duquel ils puissent, osent se confier. Un savoir livresque est pour eux inadéquat parce que insuffisamment personnalisé. Ils s'avouent surtout séduits par les émissions de radio. Les lignes téléphoniques spécialisées, dispensatrices d'informations, sont reconnues comme pratiques même si aucun d'entre eux ne dit avoir essayé. Ils les associent à la prévention avec quelque chose de plus, un peu comme une visite à un médecin confident.

Parmi les 1 300 jeunes interrogés, en 2001, pour une enquête menée par la Fondation de France et l'École des Parents, 76 % disent privilégier, face à une difficulté, le recours aux pairs. Il semblerait que, pour formuler un problème, il soit plus envisageable pour eux de s'adresser à quelqu'un à qui ils peuvent s'identifier. Cependant, si les copains partagent les mêmes doutes, ils ne peuvent répondre de manière rassurante. Parfois il se révèle même dérangeant de soumettre ses craintes à un membre du groupe ami, la dramatisation, la dérision voire les moqueries sont vite là ...

Sur la prévention, la majorité d'entre eux réagit : ils connaissent ! Ça commence à la maison, pendant la petite enfance. « Regarde avant de traverser la rue. » « Ne parle pas à un inconnu, ne suis personne sans nous prévenir. » « Lave-toi les dents avant d'aller te coucher. » Ça devient plus difficile en grandissant d'écouter les parents qui ont l'air gêné de parler du sida et surtout du préservatif. Bien sûr, pas envie de les questionner pour mieux comprendre. D'ailleurs, pour une fois eux non plus ne semblent pas prêts à s'étendre sur le sujet.

Ces jeunes commentent après coup avec bienveillance les actions « éducation à la santé » du collège. Grandes messes dont il a été pour eux, à l'époque, de bon ton de dire qu'ils en avaient « ras le bol », que « Tout ça, on connaît ». En fait, ils y ont acquis quelques repères mais poser des questions en groupe, ce n'était pas facile. C'était et ça reste s'exposer. Et puis, ce n'est pas forcément le moment où les questions viennent à l'esprit. On n'est pas disposé à cet instant ou pas encore prêt.

Alors, pour eux, l'idéal serait de s'adresser quand on le décide à quelqu'un qui connaît et comprend les problèmes des jeunes.

Ces remarques sont très certainement à mettre en relation avec la mode et le succès des radios jeunes et des numéros verts ou azur spécialisés dans les problématiques adolescentes (voir Annexes, p. 216).

Les radios « jeunes » et les sites Internet

La radio se révèle le média préféré des adolescents, ils ont « leurs » radios, dont souvent une à laquelle ils sont fidèles. Ils zappent moins que devant un écran de télévision. L'animateur élu est jeune, utilise leur vocabulaire, partage les mêmes codes. Les émissions qualifiées d'interactives annoncent d'emblée la mise en scène, à l'antenne, de la vie privée des auditeurs. Avec une représentation à la fois idéalisée et familière de qui les écoute, c'est-à-dire un animateur plus ou moins attentif et moqueur et des pairs si proches, les appelants sélectionnés pour parler à l'antenne délivrent publiquement une part de leur vie privée. Ils s'expriment, provoquent et questionnent à propos de leur corps, leur sexualité, leurs relations amoureuses ou encore à propos de la consommation de cannabis, des discriminations de tous ordres auxquelles ils sont confrontés. Parfois un expert très à l'écoute est invité, les rôles sont alors soigneusement répartis entre la position de grand frère et celle de parent. Cet espace public est vécu comme leur, au point qu'ils peuvent y essayer une nouvelle identité, une nouvelle existence, autres que celles transmises et reconnues des parents, sans oreilles adultes, et dans tous les cas sans regards adultes. Le jardin n'est plus secret : sans être vu, on se montre avec une liberté d'expression qui se proclame non censurée. La sphère privée de chacun capte l'attention de tous, du simple fait de l'exposer. Il s'agit peut-être de vérifier l'ordinaire de chaque singularité tout en s'autorisant à être soi. La liberté serait se montrer — hors image. À l'écoute de ces tranches de vie exhibées les jeunes auditeurs glanent quelques savoirs. Mais quelle fiabilité leur accorder ? À quels critères se référer ? L'inquiétude persiste avec son cortège de questions angoissantes et le besoin de se rassurer auprès d'adultes tiers et compétents.

Christian Spitz, le Doc, raconte son expérience à la radio :

« L'émission a été lancée en septembre 1992. Elle s'appelait Lovin'Fun. Avant cette émission sur Fun-Radio, un animateur de Sky Rock discutait en direct avec les jeunes, s'adressant à eux comme un vieux copain.

« Cherchant un concept d'émission interactive, le directeur de Fun s'est inspiré de Love Line à Los Angeles. Un psychologue en tandem avec un garçon ex-délinquant, ex-drogué, ayant tout fait et tout vu dans la vie, animait cette émission à succès. Ils jouaient sur la dualité de deux personnages, l'un qui n'avait pas de limites, l'autre qui donnait aux jeunes des conseils éclairés, dans la norme. En quelque sorte, c'était une discussion de copains avec deux personnages très contrastés. Mon émission s'est construite sur le même principe. Au début je me suis limité à une écoute proche de celle que j'avais comme pédiatre. J'avais appris à écouter les mères au téléphone. Très vite j'ai évolué : à la radio, par téléphone, les jeunes posaient une question pratique, sur la sexualité, le sida, j'ai compris que je pouvais en rester là ou élargir le cadre. Par exemple, au-delà d'une question sur la frigidité, en incitant à la parole, une violence sexuelle antérieure pouvait être racontée. Ou encore derrière une question médicale sur le sida, une crainte quasi phobique des rapports sexuels pouvait s'exprimer.

« J'ai réalisé qu'il y avait deux aspects. Ces jeunes parlaient à la fois à quelqu'un dans une relation duelle, celle du téléphone, et s'exposaient pour être écoutés à un public. Dans une société où l'on n'est qu'un numéro, ils se sentaient exister comme individus. Peut-être qu'ils venaient avec l'idée de simplement discuter avec un animateur, parfois de provoquer et finalement ils parlaient de leur souffrance. Ce n'était pas forcément prévu.

« J'ai pris ma place d'adulte avec un jeune interlocuteur au téléphone, en fait dans un micro, il ne s'agissait pas de penser à la place de celui qui parlait. C'était facile d'être dans la démesure, dans la compétitivité, mais c'était tout aussi facile d'avoir des considérations plus profondes et plus personnelles sans tomber dans le désuet. On pouvait être dans le vrai. C'est différent de l'intime du téléphone sur Fil Santé Jeunes. S'exprimer devant les autres produit plus d'excès dans la parole. Dans les deux cas, la liberté et le ton du langage diffèrent de ceux de la vie courante. Pour moi aussi, c'était plus facile. S'adresser à un ado assis en face de moi n'est pas si facile. L'adulte a les mêmes barrages que l'ado. Face à face il est nécessaire de préserver une distance, au téléphone, avec ou sans micro, c'est plus facile de les mettre à l'aise. Cette distance originale facilite l'authenticité.

« J'assumais mon rôle parfois ringard, mis en scène par l'autre animateur plus jeune et plus complice. J'étais le vieux : l'adulte, c'est le vieux. Je n'ai jamais cherché à me rapprocher d'eux sur le mode du copinage.

« Peu d'autorité, peu d'interdits, peu de règles ne créent pas pour autant le dialogue, ça n'aide pas à grandir, à se séparer des parents. Du côté des adultes, des parents, on arrêterait bien le temps. Eux, les jeunes, ils ont la volonté de s'autonomiser, de sortir de cette période inconfortable. »

Depuis, la parole est donnée aux adolescents. Ils sont en quasi permanence branchés sur des FM musicales et interactives, qui s'adressent directement à eux, repaires identitaires qui rythment leur quotidien où ils se parlent et s'écoutent. Ils fréquentent de plus en plus nombreux les sites Internet récemment ouverts[1]. La plupart d'entre eux sont associés à des radios, à des émissions de télévision, à des magazines ou encore à des lignes téléphoniques.

Plus ou moins visités, leur fréquentation est tributaire du contenu des forums, des « chats » et de la rapidité, de la pertinence des réponses individuelles aux « mails ». On voit là encore l'importance de la communication entre semblables mobilisés par les mêmes intérêts et la recherche de réponses individualisées. À moins qu'il ne s'agisse de préparer un exposé, ils recherchent plus réassurance, apaisement qu'informations. Sexualité, relations amoureuses sont les thèmes les plus abordés. Pour une fois la transmission ne vient pas des plus vieux, plus sachant, elle est transversale. Ils se dévoilent, hors regard, hors vue, hors oreilles, sans même la trace de la calligraphie. L'écriture est réduite à une expression, certes originale mais sans empreinte. Que ce soit entre eux ou dans les questions posées aux rédacteurs, les internautes utilisent une langue simplifiée, une écriture phonétique, au plus près de la réalité de leur quotidien : « Kes tu fé ? » « Sui patrak. » « Sui kc. » Le décodage

1. Christian Spitz a ouvert depuis quelques années son site : www.ledoc.com

aisé entre eux, accéléré par la pratique des textos[1] sur leur portable, est un décryptage pour les parents qui n'est pas sans rappeler les codes hermétiques et secrets appliqués au temps de leur adolescence.

Chat est un mot directement importé de l'anglais qui signifie bavarder, voire « papoter ». Ce sont sur Internet des lieux d'échange en temps réel, de façon ouverte ou autour d'un thème. Les échanges sur le chat sont courts et rapides. Les questions peuvent s'adresser à un animateur, parfois expert, d'autres fois médiatique. Plusieurs sites proposent des chats, proches du débat d'idées et les nomment « salons de discussion ».

Le forum relève de la conversation entre pairs, portée sur une tribune publique. Sur le site filsantejeunes.com, créé en 2001, les jeunes apportent leurs contributions sur des thèmes préétablis qui suscitent leur intérêt et leurs interrogations. Ils se répondent entre eux avec bon sens, humour, compassion.

Les mails, désignés « boîte à questions » sur le site précité, sont des demandes personnalisées adressées aux professionnels d'un site. Les réponses sont reçues dans un délai indiqué.

Leur choix, le téléphone

En 1994, le premier Ministre sollicite une très large et nationale consultation des jeunes sous forme de questionnaire écrit. Le questionnaire remis aux jeunes, outre les points auxquels répondre oui ou

1. Appelés aussi SMS (Short Message Service), courts messages que l'on peut envoyer ou recevoir sur son portable, y compris pendant les cours, puisque le téléphone ne sonne pas !

non, les invite à écrire librement à propos de leurs besoins.

Après traitement, cinq grandes catégories de jeunes se sont dégagées, sans lien avec leur origine socioculturelle et géographique. Même leur niveau scolaire ne les différencie que très peu. Leurs particularités se répartissent en fonction de leurs investissements affectifs, de leurs capacités à s'insérer dans la vie quotidienne, de leurs aptitudes à prendre des responsabilités.

Ainsi, les conclusions de ce questionnaire, au moment même du succès de l'émission « Libre antenne » sur Fun Radio, font état d'une forte demande des jeunes : « Trouver une écoute individualisée en matière de santé. » Le comité en charge de l'exploitation du questionnaire dont fait alors partie Christian Spitz, le pédiatre et spécialiste de l'adolescence, propose la création d'une ligne réservée aux jeunes. Le ministre des Affaires sociales et le ministre de la Santé en poste à l'époque sont séduits par l'idée d'un numéro généraliste pour les jeunes. L'idée d'un service où appeler sans être malade, sans devoir mettre en avant un symptôme s'impose. La ligne, intitulée Fil Santé Jeunes, ouvre le 1er février 1995, dotée d'un numéro vert. Elle s'inscrit dans le dispositif de prévention et de santé publique à destination des jeunes. L'outil est pratique, novateur et peu coûteux.

Le succès auprès du public ciblé est immédiat. Depuis son ouverture Fil Santé Jeunes est sollicité, en moyenne, plus d'un million de fois par an. Toutes les tentatives d'appels n'aboutissent pas, la ligne étant surchargée. L'équipe de salariés en charge de décrocher ne suffit pas pour satisfaire la totalité des demandes.

Une des causes du succès de la ligne est peut-être cet encombrement. On sait que la fréquentation intense d'un lieu y attire les jeunes. L'objet convoité par tous est celui produit en quantité limitée. Espace prisé des adolescents, ils se recommandent le numéro, spécifiant que s'il faut insister pour obtenir un écoutant, ceux-ci sont « sympas » et « donnent de bons conseils ».

Une autre des raisons qui expliquent ce succès est probablement l'absence de lieux confidentiels, hors regard des parents, hors regard de tous, mis à leur disposition. Enfin, les spécificités de l'outil téléphone, largement développées plus avant dans ce texte, contribuent plus que tout à l'envie de s'y confier.

La communication est valorisée dans l'environnement de l'adolescent, que ce soit par les médias ou par ses professeurs. Pour faire ses essais en la matière, il cherche un interlocuteur tolérant. C'est un enjeu délicat que de trouver le juste temps, le juste mot. Les pairs sont un lieu d'adresse privilégié car eux aussi, simultanément, s'exercent à la parole. Mais la difficulté à formuler agit de part et d'autre et peut être inhibante, elle n'est en tout cas pas stimulante. Pour que l'adolescent s'exprime comme celui qu'il aimerait être et qu'il n'est pas encore, mieux vaut alors échanger avec quelqu'un qui ne sait rien de lui, n'a pas d'a priori. Ainsi s'évitent les critiques moqueuses et le commentaire tant redouté : « Il se la joue, celui-là ! » De plus, que vaut la validation de ses expérimentations par des congénères ? La confrontation à l'adulte est plus valorisante et plus fiable. Appeler Fil Santé Jeunes est une étape intéressante et facilitatrice.

Chaque jour, plus de cinq cents adolescents en relation avec un écoutant

Comme le souligne son intitulé, Fil Santé Jeunes[1] est spécifiquement destiné aux adolescents. Ce service a reçu pour mission, d'une part, l'écoute, le soutien, le conseil, l'information des jeunes en matière de santé dans l'acception la plus large du terme et, d'autre part, d'être un observatoire des difficultés des jeunes en matière de santé. Ainsi, les demandes, les soucis d'une population de mineurs ou de jeunes adultes sont-ils entendus au-delà de l'entretien même si leur anonymat demeure strictement préservé. La délégation de ce service a été faite à l'École des Parents et des Éducateurs d'Île-de-France, association déjà spécialisée et reconnue pour ses services téléphoniques où répondent des professionnels salariés et où s'effectuent tant des formations sur la relation d'aide par téléphone que des réflexions, écrits, colloques sur l'écoute.

Fil Santé Jeunes est un service anonyme et gratuit où répondent psychologues, médecins, conseillères conjugales et familiales. L'anonymat est posé et à respecter des deux côtés, appelant et écoutant. Les prénoms ou les noms des écoutants ne sont pas prononcés. L'intervention dans la réalité demeure très exceptionnelle, elle n'a lieu qu'après une évaluation de l'urgence qui soumet à l'obligation légale d'assistance.

Les filles appellent plus que les garçons. On sait qu'ordinairement elles se livrent davantage que ces derniers. Elles recommandent probablement plus à

1. Fil Santé Jeunes : 0800 235 236.

leurs camarades du même sexe de faire appel à Fil Santé Jeunes qu'à leurs camarades masculins. Les garçons qui se confient sur cette ligne relatent des difficultés plus graves, le téléphone est souvent pour eux un appel au secours qu'ils n'osent formuler ailleurs. Il est sans doute moins humiliant pour eux d'avouer leur impuissance à se sortir d'un mauvais pas, d'une situation douloureuse par ce biais. Ils conseillent très certainement moins ce possible recours à leurs pairs que ne le font les filles. C'est donc par un canal plutôt féminin que Fil Santé Jeunes transmet les préoccupations d'une classe d'âge qui intrigue, inquiète, mais aussi attendrit les générations qui la précèdent.

« *Personne ne peut bien dire tout seul*[1] »

C'est bien sûr ce dont ils parlent le moins aux adultes et en particulier à leurs parents qu'ils dévoilent au téléphone. Leurs questions peuvent être abruptes, insolentes, mais ils se livrent avec authenticité.

Les thèmes abordés portent, pour la moitié des entretiens, sur la sexualité, la contraception et ses avatars, le sida et les maladies sexuellement transmissibles, la puberté. S'ajoutent des plaintes somatiques diffuses, des demandes d'informations sur l'acné, les vaccins, les médicaments : c'est dire si le corps est une préoccupation majeure à cet âge. Ils l'observent et/ou le nient, se l'approprient jour après jour. Le malaise que provoquent chez certains ces transformations dépasse un simple questionnement physique pour devenir mal-être plus ou moins envahissant. Ils

1. Jacques Lacan.

décrivent des difficultés relationnelles avec les parents, les amis, les enseignants ou les employeurs. Ils livrent leurs appréhensions, leurs peines, à propos de la relation amoureuse. Ils avouent leur déprime, leurs idées noires, voire leurs idées suicidaires.

Préoccupés par leur santé physique ou par un débordement plus ou moins qualifiable de mal-être, les adolescents cherchent un interlocuteur sûr, légitimé, qui ne s'alarme pas trop vite, qui écoute sans pour autant être trop intéressé ou voyeur, qui n'incite pas à s'exhiber et enfin qui respecte le discours parental sans lui-même être moralisateur. En téléphonant à Fil Santé Jeunes, ils choisissent de s'adresser à un groupe d'écoutants garants d'un espace intime et contenant. Ils se sentent en sécurité avec des adultes porteurs d'une connaissance médicale et/ou psychologique, pour eux synonyme d'une connaissance de « l'humain ». Ils se confient à ces adultes proches et distants, accueillants, compréhensifs, moins impliqués que leurs parents. Ils établissent un lien de confiance réciproque, s'essayent à la sensation d'exister sans leurs parents en expérimentant ce début de relation avec un écoutant. Ils apprécient de ne pas être infantilisés et acceptent d'être incités à réfléchir, à être prudents, voire, si cela semble opportun, d'être poussés à consulter un médecin. Ils supportent mal la frustration mais admettent être touchés, même si parfois contrariés, par un adulte attentif à ne pas les blesser, à leur renvoyer une image d'eux-mêmes gratifiante, surtout s'ils se vivent en échec.

Après avoir été écoutés, ils appréhendent autrement leur situation. Ils sont prêts à recourir à l'expérience d'un adulte de leur entourage. Un parent, paradoxalement et relativement souvent la mère, est alors choisi.

Ce détour par la recommandation d'un inconnu, adulte neutre, extérieur au milieu familial s'avère une étape indispensable avant de revenir aux parents.

Le nombre important d'appels confirme que les adolescents sont capables de dépasser les réticences qu'ils éprouvent à s'entretenir avec des adultes. La médiation du téléphone gomme ce qu'ils considèrent comme humiliant dans une démarche où ils montrent leur ignorance et leurs besoins. Ils découvrent alors leurs compétences à prendre soin d'eux.

Les médias

Les médias diffusent fréquemment des informations et des mises en garde en matière de santé. Des débats souvent confus et contradictoires alarment les jeunes lecteurs, auditeurs et téléspectateurs. Des campagnes de santé publique délivrent des messages de prévention.

À la suite de ces diverses communications plus ou moins alarmantes et alarmistes, les jeunes cherchent à mieux comprendre, à être rassurés ou encore à savoir s'ils doivent consulter. Ils trouvent souvent sur une ligne dite de téléphonie sociale des conseils individualisés en adéquation avec leur histoire dans un passage du général au singulier.

L'impact de certaines campagnes chez les plus anxieux d'entre eux mérite une analyse. Après quelques cigarettes fumées en cachette, celui-ci sent son cœur battre anormalement en montant les escaliers, cet autre dont le père fume deux paquets par jour s'inquiète de l'imminence de sa mort annoncée dans d'horribles souffrances. Cet autre encore dit sa colère contre ses parents irresponsables qui, non contents de l'enfumer, vont l'abandonner parce que bientôt malades.

Certains adolescents sont terrifiés par les multiples dangers encourus dans un rapport sexuel. Des jeunes filles amoureuses remarquent les nombreux et divers risques pris par leur ami et souhaitent les sauver.

Plus généralement filles et garçons font part de leur saturation mêlée de culpabilité face à ce « trop » de messages et de dangers au moment même de leur vie où « se risquer » à une vie d'adulte, à sortir du cocon protecteur de l'enfance est une épreuve.

Pour trouver l'information, les choix sont multiples. La variété des offres est comparable à celle du réseau routier. Du chemin vicinal à l'autoroute, du papotage entre copines à la consultation d'un expert, en passant par la lecture de magazines, tout existe et a fait preuve de son intérêt. Le téléphone propose tous les modes de recherche et d'échanges regroupés en un seul lieu. Économique en temps et en déplacement, peu coûteux, ce média séduit les adolescents qu'il laisse libres d'entrer et sortir à leur gré. Ils vérifient, hors le cercle de famille, à l'abri de toute ingérence, tout autant la fiabilité de l'information que celle de leurs réactions et émotions.

Seuls mais utilisant un support, radio, ordinateur, téléphone, les adolescents d'aujourd'hui s'évadent, s'intéressent à eux, se découvrent. Ils parlent.

2.

Parler, parler au téléphone

Renaître à la parole

« Il racontait, s'exprimait agréablement en famille ; en quelques semaines tout a changé. Il semble faire constamment la tête ou alors il râle. Quand il parle, il marmonne, n'articule plus. Ça devient impossible d'avoir une discussion avec lui... »

La parole, le parler marquent les grandes étapes de la vie. Parler pour parler, parler pour se dire, parler à tous les âges mais parler si originalement à l'adolescence.

L'homme, un animal parlant

Le Petit Robert définit la parole comme élément du langage parlé et comme expression verbale de la pensée.

Le vocable « parole » vient du latin *parabola* puis a dérivé en *paraula* qui désigne une comparaison, une similitude. La parole désigne dans son acception courante l'expression orale, verbale des contenus de pensée et de conscience. Parler prouve la capacité à dire, donc à émettre, prononcer, articuler parfois proférer des contenus de conscience. Alors que le langage est un outil, un système de signes, que la langue est de façon plus restrictive le langage d'une communauté humaine, son reflet, la parole, est le fait de l'individu. L'*infans*, l'enfant, était celui qui ne parle pas. Aristote (384-322), philosophe grec, énonçait dans la *Politique* que l'homme, animal le plus dénué de la nature, possède pour sa défense l'arme la plus redoutable, la langue.

Les hommes sont les seuls animaux à disposer du discours qui leur permet de tisser un lien social naturel. Une expression populaire confirme : « Il ne leur manque que la parole. » La parole caractérise l'humain, l'élève même si elle n'a pas toujours bonne réputation. Certains l'accusent de s'envoler, alors que les écrits plus fiables, plus nobles resteraient. D'autres, et parmi eux, à travers les âges, nombre d'auteurs célèbres dans diverses disciplines, la glorifient. Proches de nous au XXe siècle, Ionesco livre : « Les paroles seules comptent. Le reste est bavardage », et Merleau-Ponty considère la parole comme « miracle de l'expression ». De façon plus familière, tenir parole, n'avoir qu'une parole, parole d'honneur, être cru sur parole ou plus négativement, manquer à sa parole, payer quelqu'un en paroles, ces expressions illustrent la valeur de la parole tout comme la rigueur attendue de la parole de l'autre.

Un débat fort ancien se perpétue entre linguistes, philosophes et psychanalystes sur le statut de la parole : est-ce ou non un acte ? Existe-t-il un acte de langage [1] ?

---

1. Austin J.-L., *Quand dire c'est faire*, Le Seuil, 1991.

Dans des temps lointains, Démocrite (460-370) enseignait : « La parole est l'ombre de l'action. » Au commencement était le verbe, annonce l'apôtre Jean au début de son évangile. Au commencement était l'acte, écrit Goethe.

Le choix entre le mot et l'acte se pose singulièrement à l'adolescence. Il est difficile pour certains de refréner l'acte qui leur semble une réponse tellement plus adéquate que bien des discours. Parler avant d'agir, mettre en mots la pensée avant de la transformer en acte ou « s'originer » dans l'acte puis en parler, le choix demeure. Le temps de l'adolescence répète et récapitule ce passage culturel, ce saut immense dans le progrès de l'humanité qu'a incarné ce passage de l'acte à la parole. Si l'adolescent se laissait emporter par les pulsions nouvelles qui, d'une certaine façon, le violentent, il agirait en permanence. Soumis aux turbulences qui l'agitent, il parvient, non sans peine, à différer le faire en le verbalisant. Parallèlement, il accorde aux mots un aspect magique, sorte de reliquat infantile qui laisse croire qu'il suffirait de dire pour que ça arrive. Les adultes, eux aussi, font parfois comme si cette baguette magique avait le pouvoir de transformer la réalité.

Est-ce que le mot prononcé au téléphone a la même valeur que celui utilisé dans la conversation courante ? Rien n'est moins sûr et ce point particulier sera abordé plus loin.

Freud déjà insistait : « Assurément, tout au commencement était l'acte, le mot ne vint que plus tard ; ce fut sous bien des rapports un progrès culturel que le moment où l'acte se modéra en devenant un mot. Mais, après tout, le mot à l'origine était un enchantement, une action magique, et il a conservé beaucoup de son ancienne force. »

Parler, pour quoi, à qui ?

Parler implique une adresse à l'autre, c'est penser à haute voix, en général pour être entendu, reconnu. Chacun éprouve ce désir qui est aussi un besoin. Cet élan vers l'autre, cette dépendance est constitutive de la nature humaine. L'attachement, le réseau de liens, indispensables à l'épanouissement, passent par la communication verbale. Cette poussée, en d'autres termes cette « pulsion invocante », est une des traductions de la relation en ce qu'elle est aliénation dans l'autre. En latin *invocare* signifie appeler, prendre les dieux à témoin, invoquer leur témoignage. En cela, la parole ouvre un espace de rencontre, de vie. Et pourtant, elle marque aussi les limites du partage. Ce qui se sent ne peut toujours se formuler.

Cette fameuse « pulsion invocante » est, bien entendu, en étroite relation avec le besoin d'être écouté. Le psychanalyste Jacques Lacan a remarqué que Freud, en énumérant les pulsions qui, selon lui, animaient l'être humain, en a omis. Après avoir relevé le « se faire voir », Lacan pointe le « se faire entendre ». Il souligne alors une vérité anatomique : les oreilles sont des orifices impossibles à obturer sans aide extérieure, contrairement aux autres orifices du corps.

Parler, converser, dialoguer, c'est aussi être acculé à l'écoute de l'autre avec plaisir ou déplaisir. Les positions des partenaires du dialogue ne sont pas toujours symétriques. L'un demande et l'autre accepte ou refuse la demande implicite : « Parle-moi », « Écoute-moi ». L'attente varie entre celui ou celle qui désire, aime et celui ou celle qui reçoit, est aimé(e).

Tout dépend, en dernier ressort, de la place de chacun.

L'adolescent en demande de communication verbale est imprévisible. Il a soudainement envie de parler, requiert une absolue disponibilité sans se préoccuper de son opportunité, puis abruptement, il se retire, se sent agressé si son interlocuteur souhaite poursuivre. Ce dernier est mis à mal par la mobilité de la place où le situe l'adolescent.

S'il y a dépendance dans un dialogue, il y a aussi inversion. Celui à qui s'adresse la parole, à qui est demandée une écoute devient celui qui induit et énonce le message en acceptant de le recevoir. L'accueil module, voire définit les caractéristiques de la relation. Encore une fois, c'est avec l'adolescent que s'exacerbe ce renversement. Extrêmement sensible à la qualité de l'écoute, il se livre plus facilement s'il perçoit qu'il n'y a pas d'attente personnelle, inquisitrice en face.

Une phrase énigmatique de Jacques Lacan illustre la complexité de ce qui se joue entre deux êtres à travers l'échange de paroles : « L'autre est donc le lieu où se constitue le "je" qui parle avec celui qui entend, ce que l'un dit étant déjà la réponse et l'autre décidant à l'entendre [1]. »

On le voit, l'envie de parler est liée au besoin d'être entendu, écouté.

Parler, c'est nommer ses ressentis, les valider dans l'adresse à l'autre, c'est confirmer son existence en la racontant, en livrant sa pensée et en recevant les réactions de l'autre. Parler, c'est co-construire du sens avec son interlocuteur.

---

1. Lacan J., *Écrits*, Le Seuil, 1966, p. 431.

La qualité d'un échange de paroles, la satisfaction qui s'ensuit ne sont pas acquises d'avance. On évolue tout au long de sa vie, dans sa personnalité comme dans sa parole.

Tout commence par la parole

L'être humain est un être parlant. C'est ce qui le différencie principalement des autres espèces du monde animal. Dès le début de la vie, parler est un apprentissage pour une nécessité vitale. Tout commence par la parole, parole d'abord reçue, entendue, tonalité, mélodie dont les mots plus ou moins chargés de sens sont perçus sans être compris. Puis parole adressée à l'autre, paroles qui s'échangent et signent une relation. Le langage est le lieu des différents types de relation entre les humains. Très tôt dès avant la naissance, le petit d'homme est immergé dans un bain de langage. Sa prématurité physiologique à la naissance implique qu'il ne peut être autonome avant quelques années. Il est donc dépendant de son entourage, c'est-à-dire de ses parents, pour être nourri, soigné, porté, bercé, et bien sûr parlé. Avant sa conception, il est très couramment imaginé, rêvé puis parlé par ses parents dans un désir commun. Durant la grossesse, se considérant déjà père et mère de ce fœtus, ses parents lui parlent. Grâce à des compétences auditives précoces, le presque bébé serait à même d'entendre et de reconnaître, discriminer des voix humaines à partir de sept mois de grossesse.

À la naissance ses parents s'adressent à l'enfant. Cela s'est sans doute toujours fait, les comptines et les berceuses témoignent de la langue et des mélodies adressées aux bébés à travers le temps. Mais il a fallu l'intervention de psychanalystes, Françoise Dolto en particulier, pour publiquement voire scientifiquement inciter les mères et les pères à renouer avec cette tradition immémoriale. La « bébologie », science des bébés, insiste sur la nécessité fondamentale de parler, dès la naissance, aux bébés. Ils sont ainsi introduits dans le monde du langage et le partage de la sonorité des mots. Ils appréhendent le sens, l'émotion véhiculés et mis en jeu même s'il ne s'agit pas à proprement parler de compréhension du vocabulaire. C'est la correspondance entre les différentes sensations corporelles et les paroles qui amène les prémices d'un langage. D'une part, les perceptions s'affinent, et d'autre part le petit enfant y répond par l'émission de gazouillis, lallations et autres sons. De la sorte, très tôt il communique avec son entourage.

Ce détour par le bébé est instructif à double titre. Comme ce dernier, l'adolescent quitte un état sécurisant pour faire son entrée dans un univers inconnu. Il se réapproprie alors le langage, réagit différemment aux énoncés des adultes. Il s'aménage une nouvelle place dans le discours des parents et des proches.

La fréquentation des adolescents indique combien à cet âge ceux-ci répètent les essais du début de la vie. Comme le petit enfant se risque à la marche ou à ses premiers mots, l'adolescent se risque à une parole nouvelle qu'il va adresser à un autre. Cette parole est nouvelle car elle fait rupture avec le temps d'avant la puberté. Au fur et à mesure de son adolescence, elle s'affirme, se démarque de celle de ses parents, devient sienne.

L'action de dire au téléphone a une valeur de tremplin ou d'essai, à oser, souvent pour la première fois, le dire avec des mots.

Parler pour se trouver

À l'adolescence, la personnalité qui déjà s'esquissait au cours de l'enfance, se dessine dans des traits mieux affirmés. L'élan vers l'autre, étrange et différent, se fait alors sous la poussée du sexuel qui anime et envahit cette période d'évolution. Il est temps de se confronter à cet autre, tant pour le découvrir que pour se découvrir. L'approche se fait au travers d'échanges verbaux, dans lesquels, se prend sa propre mesure. Le sujet se constitue dans des essais de rencontres qui se doivent de passer par la parole.

« À quoi ça sert de vivre ? Qui suis-je ? »

À cet âge l'échange avec l'autre est souvent malaisé. La gaucherie gestuelle et corporelle des adolescents est une image de leur position dans le langage. Ils ont à découvrir l'effet de leur parole sur eux-mêmes mais aussi l'effet de leur parole sur leur interlocuteur. C'est l'époque où l'adolescent se replie sur lui-même au sein de la famille. Il prend de la distance, ses distances. Il installe ses marques et se démarque. Il cherche à se défaire de la griffe familiale, du blason qu'il n'a pas envie d'assumer et qu'il voudrait, dans un premier temps, repousser comme hors de lui. S'il s'oppose et s'affirme en se décalant par le choix de ses vêtements, de sa coiffure, d'une gestuelle, s'il va parfois même jusqu'à s'infliger tatouage ou piercing, il sait aussi user de moyens moins conflictuels pour échapper à la pression du milieu familial. Le téléphone est un moyen à portée de main, échappatoire des plus concrets. Il choisit d'y parler, ailleurs, à d'autres, autrement. C'est un canal d'accès facile pour passer de l'intérieur vers l'extérieur. À la maison, la pression n'est pas toujours réelle mais elle est fréquemment vécue subjectivement comme telle.

Catherine qui vit seule avec sa fille unique confie : « Je ne comprends pas, Jeanne était une petite fille si proche de moi, qui me racontait tout, détestait se séparer de moi, même pour une nuit. La seule personne avec qui elle acceptait de passer quelques jours de vacances sans moi était ma mère. Aujourd'hui, elle a à peine 16 ans et elle ne pense qu'à sortir. Le téléphone sonne à toute heure du jour et de la nuit. Elle refuse de me dire à qui elle parle. Elle se lève de table pour répondre. La sonnerie me réveille à minuit et quand je me fâche, elle menace de quitter la maison. Je ne sais pas si je dois lui installer sa propre ligne ou lui acheter un portable. J'ai peur de ne plus avoir aucun contrôle sur ses fréquentations si je fais ça. »

L'adolescent bilingue

Avant de rejoindre le langage commun, l'adolescent bien souvent passe par un langage spécifique. Il doit déconstruire ce qu'il a appris de ses parents et de l'école pour tenter de créer un nouveau langage qui corresponde aux sensations nouvelles qu'il éprouve. C'est le temps du verlan ou des expressions qui relèvent d'une classe d'âge que la précédente n'est pas censée comprendre. C'est ainsi que génération après génération de nouveaux modes d'expression s'ajustent à l'actualité et répondent aux éprouvés singuliers de chaque adolescent.

Le langage est un système de signes, et certains accolent au terme celui d'animal. Il y aurait alors un langage des animaux. C'est toutefois à l'homme qu'est reconnue la possession du langage, porteur de principes fondateurs comme le bien, le mal, créateur d'un lien social, vecteur du désir de vivre ensemble.

La langue est le langage choisi par une communauté humaine pour communiquer. Elle se structure par le vocabulaire, la grammaire, la syntaxe. La pensée se construit à l'aide du langage qui la contient, lui donne corps.

La parole traduit l'effectivité de la personne. Parler, c'est rendre apparent ce qui n'est pas présent de telle sorte que d'autres le partagent.

L'individu, grâce au langage et par sa parole, s'inscrit dans une communauté, en appréhende les concepts, y aménage sa place. Il parle une langue comprise des autres. Parler une langue inconnue de tous invaliderait l'effet de la parole.

La reprise d'un mouvement de la parole est propre à l'adolescence aussi bien dans son tumulte, dans sa logorrhée que dans ses silences. Parler revient à se découvrir. C'est prendre le risque de se montrer tout en avançant vers une connaissance de soi.

Mais que veulent dire les mots ? Vont-ils s'avérer en adéquation avec les transformations physiques et psychiques de cette période ?

Le linguiste Ivan Darrault-Harris remarque la disproportion existant entre les métaphores, les images issues de l'argot, les mots inventés qu'utilisent les adolescents pour parler du sexuel, et la faiblesse voire la quasi-inexistence de mots pour désigner les sentiments amoureux ou les affects. « Ce vide, ce silence lexical est éloquent, assourdissant. Il est empli de l'impossibilité de dire et sa présence est indubitable, presque criante. Reste à s'interroger sur les sources de ce vide langagier, sur cette quasi-inhibition à mettre en discours l'infinie richesse des affects, des sentiments, des passions qui agitent violemment tout adolescent[1]. »

Les écoutants de Fil Santé Jeunes ont relevé quelques-uns des mots employés pour évoquer le baiser : « smac, piou, rouler une pelle, faire un zoub, kisser, emballer, galocher » ; la drague : « brancher, chasser l'escalope, chasser le steak » ; l'attirance : « kiffer ».

Ces mots pour dire les ressentis, les émois amoureux existent dans la langue courante, mais les adolescents sont frileux à leur égard.

Ils découvrent des sensations nouvelles et étranges dans un monde qu'ils regardent autrement et découvrent. Dans ce contexte, ils utilisent une langue étrangère, une langue qui les représente, à la création de laquelle ils participent. Il y a plaisir à parler une langue qui s'éloigne autant que possible de la langue maternelle, plaisir à être bilingue, à maîtriser deux langues dont une devient identitaire.

« Trouver le sud sans perdre le nord », annonce une chanson du groupe Noir Désir qui a un certain succès auprès des adolescents. Il rajoute : *« I am lost »*, alors qu'il s'agit d'un groupe français. Dire « je suis perdu » en français, la langue maternelle, ne suffit pas, il faut le dire dans une autre langue.

Le fait d'utiliser un autre langage comme celui de se servir du canal du téléphone filtre le trop intime

1. Darrault-Harris I., « Des mots et d'aimer », in *Lettre du Grappe*, 2001.

ou le trop proche qui réveille les troubles d'une proximité œdipienne. Les adolescents tentent d'échapper à l'emprise de la langue maternelle, vécue comme trop proche, voire incestueuse.

S'il est impossible de verbaliser dans sa langue maternelle des mots, mais surtout des émotions car elle est trop proche des affects maternels, cela devient plus praticable dans une langue étrangère, parfois inventée. La langue utilisée au téléphone acquiert un statut équivalent à celui d'une langue étrangère. Cette « novlangue » est ainsi un compromis, entre une langue maternelle potentiellement incestueuse donc dangereuse, et un néo-langage qui mettrait en mots les éprouvés inédits, les expériences nouvelles.

Les garçons encore plus que les filles prisent un langage cru, imagé, proche de l'argot.

« Les mots qui vont surgir savent de nous ce que nous ignorons d'eux[1] *»*

Comme à l'accoutumée, l'approche du poète est révélatrice. La poésie des mots, leur musicalité, leur rythme s'arrogent une tonalité particulière quand ceux-ci sont humanisés par la parole.

Les adolescents seraient-ils tous des poètes qui en déformant la langue usuelle en font une succession de mots, d'associations qui facilitent les représentations visuelles correspondantes et produisent réactions, émotions ? Ils donnent ainsi à voir leurs tumultes intérieurs.

1. R. Char, *Œuvres complètes*, Gallimard, Bibliothèque de la Pléiade, 1995, p. 534.

La mode contemporaine du rap peut s'entendre comme un moyen d'expression des questions adolescentes. Son rythme musical assez peu élaboré autorise une grande liberté de l'expression ainsi qu'une rythmique et une prosodie[1] particulières. Ce sont les phrases, leur enchaînement qui teintent la chanson plus que le choix des mots. À travers ce rythme original, l'adolescent peut dire sa version de l'informulable des mots et montrer la difficulté à parler sa subjectivité.

Avec un vocabulaire qu'il choisit, le sujet se révèle à lui-même mais aussi aux autres.

Les mots de l'amour sont introuvables

La découverte de la relation amoureuse est pour les adolescents une préoccupation majeure. De tout temps ils ont tenté de reformuler l'imparlable de la relation à l'autre et aussi de l'amour. L'histoire de la poésie et de la littérature l'atteste. Plus banalement, nombre d'adultes se souviennent de lettres enflammées dédiées à un autre ou une autre qui ne les a pas reçues parce que jamais envoyées[2].

Les journaux intimes des jeunes filles surtout, des garçons parfois, témoignent des tentatives de formuler par le biais de l'écriture, en s'adressant à un double d'eux-mêmes, ce qu'elles ou ils ne parviennent à verbaliser. Certaines des contributions au forum du site filsantejeunes.com ressemblent à des textes de

1. Ensemble des règles de l'application des paroles à la musique, ou de la musique aux paroles.
2. S. Zweig, *Lettre d'une inconnue*, Critérion, 1994.

journaux intimes. Filles et garçons mettent sur écran, avec un vocabulaire à la fois restreint, imagé et dérisoire, leur vague à l'âme et leurs rêveries amoureuses. L'ami(e) imaginaire répond sur le forum. Il approuve, commente, encourage, mêlant tendresse, solidarité, bon sens et humour. « Il » est plusieurs, car nombreux sont ceux qui réagissent à un message, cependant le discours varie peu. Le contenu demeure assez uniforme, avec peu d'analyse du sentiment amoureux. Les mots de l'amour sont avant tout les mots du manque ou du chagrin. Les mots du « sexe » semblent plus aisés à formuler.

S'entretenir de la relation amoureuse avec les parents ou d'autres adultes proches ne convient pas à l'adolescent. Il, encore plus qu'elle, éprouve une gêne liée à l'impudeur d'exposer son trouble et à la crainte que des représentations sexuelles envahissent l'espace familier. Il n'a pas envie d'en parler, et pourtant jusqu'alors, face à une épreuve, il s'empressait d'en faire part à ses parents. Échecs ou victoires, ceux-ci le guidaient pour mettre en mots et intégrer l'événement.

Parfois la mère, plus que le père, recueille les confidences de la fille plutôt que du garçon. Elle aussi, bien que touchée par la confiance accordée, se sent dépourvue, cherche les bons mots. Le ou la meilleur(e) ami(e) demeure l'interlocuteur privilégié pour raconter les péripéties de l'histoire amoureuse, mais l'émoi reste difficile à traduire.

Les chansons, les reportages sur la vie privée des stars favorites auxquelles ils s'identifient, les fictions écrites ou filmées soutiennent les rêveries des adolescents, mais parler d'amour reste une tâche ardue.

Au travers des mots

L'adolescent, en quête de sens pour sa vie, est aussi en quête des mots et de leur sens pour approcher une vérité de dire l'être du sujet. La parole qui peut se déployer devient l'équivalent d'un acte par lequel le sujet va sentir qu'il existe.

La parole est une prise de position qui affirme le désir de celui qui la prononce. Les adultes ont souvent oublié ces temps de la parole incertaine, où chaque mot ne fait pas sens, mais au contraire interroge le sens. Comment, dans ces conditions, utiliser ce moyen pour tenter de communiquer ?

Ainsi, les adolescents se conçoivent et s'avèrent particulièrement inaptes à déployer leurs ressentis et leurs émotions par la parole. Le caractère inédit voire inouï de l'expérience qu'ils vivent par leur corps remanié et sexué les déconcerte. Ils ressentent des éprouvés nouveaux. Des questions fusent : « Est-ce normal de ressentir ce que je ressens ? » « Suis-je fou de penser cela ? » Penser et verbaliser devient alors difficile voire impossible.

Il est des mots qui blessent, voire qui tuent. Les adolescents ont une sensibilité extrême aux mots et à ce qu'ils peuvent véhiculer. De nombreux exemples du quotidien montrent qu'un mot ou une phrase peut avoir des conséquences incalculables. Cela invite à réfléchir sur le mode d'adresse des adultes envers les adolescents. Des remarques apparemment banales, non pas des insultes, atteignent leur narcissisme fragile. Entre eux ils vont s'invectiver, se mesurer dans des joutes verbales dont les règles, d'eux seuls connues, les protègent. La pique, le commentaire inadapté, la critique négative de l'adulte blesse, alors même que l'intention n'était en aucun cas malveillante. « Le mot est un instrument puissant, il est le moyen par lequel nous nous révélons les uns aux autres nos sentiments, la voie par laquelle nous prenons de l'influence sur l'autre. Des mots peuvent faire un bien indicible et infliger de terribles blessures. » Au travers de ce résumé, Freud ne précise pas que ce chemin est long et difficile. L'adolescent devra passer par nombre d'étapes périlleuses pour arriver à la révélation de soi et de son ascendant sur les autres, éventuelle conséquence de cette entrée dans le monde des mots.

Julien, 17 ans, a le verbe facile. De la repartie, de l'humour, il est armé pour des discussions impromptues, des échanges rapides entre copains dont il sort souvent vainqueur. Mais ce soir, rentré chez lui, sa façade fière s'effondre. Dans un échange téléphonique, un camarade a fait une allusion à peine voilée sur son éventuelle homosexualité. Il a prononcé une phrase équivoque : « Tu en es ? » Il s'avère que, dans un après-coup, cette question ne visait pas sa supposée homosexualité mais sa participation à une soirée, ce qui a pu être travaillé en psychothérapie. Et pourtant ces trois mots ont tinté aux oreilles de Julien au point d'y résonner encore pour plusieurs jours et plusieurs nuits.

Au téléphone, une temporalité différente, dans un échange à deux, sans témoins, la parole peut se déployer. Le temps s'étire, sans limite précise, et une partie des « mal entendus » est évitée, des mots « entendus de travers ». Le mot dit est aussitôt explicité, commenté.

Les temps du silence

Qui n'a remarqué ces temps de mutisme pendant lesquels le visage de l'adolescent se ferme ? Son silence manifeste une incapacité temporaire à traduire par des mots ce qui le traverse. Face à la présence monolithique d'un adolescent, au mieux bougon, les gratifiant de quelques onomatopées ou grognements, les parents ressentent agacement et désarroi. Parfois ils s'inquiètent, craignant un épisode dépressif. Remarquant que l'expression verbale et le mouvement reprennent avec les copains, ils se rassurent. La plupart du temps ils s'habituent à ces moments, où toute tentative de communication se heurte à un mur.

Le silence possède de multiples facettes. Dans un échange verbal, il peut être « parlant ». Il indique indifféremment l'approbation, le désaccord, le mécontentement, la sidération. En psychanalyse, il est un espace offert qui donne accès à l'imparlé, l'imparlable ; comme une page blanche, il invite à s'exprimer. Tout au contraire il peut devenir pesant, et plus il s'installe, plus le rompre semble impossible. S'il induit parfois la fermeture, il se pose aussi en ouverture, comme une sorte d'appel à l'autre. Le silence offre sa place à l'interlocuteur. Dans la conversation courante, chacun parle alternativement, l'un raconte, l'autre écoute et relance, émet ses remarques, opinions et relate alors ses propres points de vue. Omettre des temps de pause, c'est couper la parole, ne pas laisser l'autre « en placer une », n'être ni attentif ni respectueux. Parler sans vérifier l'intérêt provoqué revient à mépriser l'auditeur. Au beau parleur, au trop parleur, on oppose un « cause toujours ».

Les temps sans paroles revêtent des sens divers. Pour l'adolescent ils sont souvent chargés d'émotions et surtout de sensations nouvelles quant à ses relations au monde et en particulier à son entourage. Il peut préférer se taire, par crainte d'être trahi par les mots et les émotions qui s'en échapperont et lui échapperont.

Une première distinction s'opère entre le silence des pulsions, « ça ne se dit pas », et celui d'une parole qui ne peut se dire, « on n'arrive pas à le dire ». L'irrésistible envie d'un rapport sexuel se tait, voire se cache. La tendre attirance pour une jeune fille ne parvient pas à se traduire en termes appropriés.

Un autre aspect du silence est de se retenir du plaisir de parler. Dans les premiers temps de la psychanalyse, laquelle entretient un rapport particulier au silence, comme réceptacle de la parole, le psychanaliste Ferenczi[1], ami et contemporain de Freud, précisait que la rétention des mots évoque celle de l'expulsion anale. Cette interprétation est recevable pour nombre d'adolescents quand ils se protègent en se taisant. Eux-mêmes emploient, a contrario, une image pour faire part de leur soulagement à pouvoir se laisser aller : « ils se lâchent ».

1. Ferenczi S., « Le silence est d'or », in *Œuvres complètes, 2*, Payot, 1990.

« Le silence est d'or et la parole est d'argent »

Si la parole caractérise l'humain, le silence l'élève. Dans le silence, chacun peut trouver sa vérité. Dans toutes les traditions religieuses et encore plus chez les mystiques, le silence est valorisé. Dans le monde contemporain, ces assertions semblent moins de mise.

Quand un silence s'installe, il garantit à la parole un statut plus riche, plus vrai. La parole déchire le silence pour peu que l'interlocuteur reste en retrait. Les adolescents sont souvent silencieux, puis se décident à parler en demandant instantanément à l'autre une attention soutenue.

Le silence s'apparente à une atmosphère inquiétante, souvent associée à l'obscurité et/ou à la solitude. Il est une attente qui ruse avec le mortifère. L'apprivoiser, c'est accepter sa condition d'humain avec modestie. L'apprécier est un plaisir réservé aux adultes.

Freud convient : « De la solitude, du silence, de l'obscurité, nous ne pouvons rien dire, si ce n'est que ce sont là vraiment les éléments auxquels se rattache l'angoisse infantile qui jamais ne disparaît tout entière chez la plupart des hommes[1]. »

Comment concevoir le silence autrement que lié à des sources infantiles d'angoisse ? Le petit enfant seul, dans le noir, le soir dans sa chambre, craint que jamais ne reprenne le cours normal de sa vie. Chaque nuit, se répète cette impossible séparation d'avec maman, d'avec le familier. Plus tard, chuchotant ou

1. Freud S. « L'inquiétante étrangeté », in *Essais de psychanalyse appliquée*, Gallimard, 1971.

chahutant avec un frère, une sœur, un ami dans le noir ou posant un bandeau sur ses yeux, il jouera à vaincre ses peurs. Adolescent, ces angoisses infantiles sont ravivées par l'insécurité de la période traversée. Des angoisses d'abandon resurgissent dans ce contexte très paradoxal : avoir besoin de réassurance et d'amour de la part des parents et revendiquer à tout va de l'autonomie. L'absence des bruits et voix qui distraient renvoie l'adolescent à une solitude qu'il ne peut encore assumer alors même qu'il aimerait être débarrassé de ces adultes envahissants et contraignants.

L'adolescent masque le silence par du bruit. Seul dans sa chambre, il étudie avec la radio allumée en permanence. Alors qu'il refuse le dialogue en famille, il le renoue ailleurs, grâce au téléphone. L'adolescent a un recours, celui du téléphone. La voix assure une présence, rassure face à l'angoisse du silence. Ce n'est que petit à petit qu'il va découvrir les vertus du silence qui l'oblige à s'affronter.

Charles s'entoure d'un écran sonore pour ne plus être atteint par les paroles de ses parents. L'environnement musical le met provisoirement à l'abri de toute parole qui pourrait l'atteindre au propre comme au figuré. Sa fragilité narcissique est telle qu'une parole peut le traverser dans son corps et sa psyché. Son père lui a assené, un soir d'énervement, qu'il était un « bon à rien ». Après avoir maudit ce dernier, il pense qu'il est incapable de réussir et s'enferme dans des conduites d'échec. Il se réfugie dans un bain sonore que ce soit dans sa chambre ou ailleurs, il déambule, le téléphone accroché à l'oreille, ou les écouteurs du baladeur (walkman) mis à fond, pour se protéger de tout commentaire vécu comme persécutant.

Sur la ligne Fil Santé Jeunes, les silences « entendus » mobilisent les écoutants qui leur attribuent du sens. Il y a les silences qui rythment l'entretien, qui marquent le temps de la réflexion, de la compréhension, de l'approbation, de l'émotion. Il y a les silences « muets », les silences rompus par une respiration, un sanglot, un rire sans qu'aucune parole ne s'échange. Il y a les silences suivis d'un « C'est difficile de parler », ou encore d'un « J'ai déjà essayé de parler mais je n'y arrivais pas, c'est la première fois que j'ose... ». Il y a les silences qui cherchent une voix déjà entendue. Dans l'ensemble, ils sont troublants et demeurent mystérieux.

Du « tais-toi » au « parle-moi »

À l'injonction parentale et scolaire, si récurrente, de se taire adressée à l'enfant, succède celle de raconter ce qu'il vit par la parole. Une mère témoigne : « Petits, mes trois fils étaient épuisants, c'était à celui qui monopoliserait le plus mon attention. À la sortie de l'école, à table, ils avaient toujours quelque chose à raconter. Je ne pouvais même pas prendre mon bain tranquillement, il y avait toujours un événement extrêmement important à commenter ! Aujourd'hui à 15, 17 et 19 ans, j'ai l'impression de vivre avec des murs. Ils ne m'interpellent que par nécessité, par exemple pour savoir où est une chemise. À mes questions sur leurs sorties, je reçois pour toute réponse une vague onomatopée. »

Accepter qu'un proche ne livre pas son monde intérieur, c'est lui reconnaître sa liberté d'exister seul, mais ce n'est pas si facile de l'accepter de son enfant.

La psychologisation à outrance des relations a induit une obligation de parole. Dès la toute petite enfance, le « parle-moi » a remplacé le « tais-toi » des générations précédentes. Ce souhait de vaincre le mystère qui entoure tout individu, quel que soit son âge, produit des tensions autour des adolescents.

Le mythe du « tout dire » ou du « il faut tout se dire » est un leurre. Tout ne peut se dire. De part et d'autre, un jardin secret doit être préservé qui détermine la capacité à se penser comme individu confiant en soi et autonome. Néanmoins, les adultes assumant la responsabilité des mineurs ont à se soucier de leurs emplois du temps et humeurs pour rester garants de leur sécurité.

Dans une société peu répressive à l'égard des plus jeunes, la marge de manœuvre entre la mise en place de règles et la concertation demeure confortable. Cependant l'incitation à se raconter est parfois vécue de façon intrusive, voire persécutive. « Où vas-tu ? », « Que fais-tu ? », et surtout « Pourquoi fais-tu cette tête ? », « Dis-moi ce qui se passe », tentent d'amorcer des tentatives de dialogue vouées à l'échec.

Jusqu'où parler ?

Socialement, les adultes respectent des codes établis. Ils repoussent ces restrictions dès qu'il s'agit de répondre à leurs inquiétudes, de satisfaire leur curiosité, parfois dans leur couple, encore plus souvent avec leurs enfants. La soif de paroles amène à l'intrusion. L'avidité à tout comprendre, à tout parler empêche un épanouissement naturel de la relation. Le conjoint qui tait son mal-être passager, l'enfant à la maternelle qui ne raconte pas sa journée, l'adolescent qui ne dévoile rien de sa vie amoureuse préservent leur intimité comme un besoin vital.

Les familles dans lesquelles la moindre discordance du quotidien se commente et s'analyse sont comme paralysées pour résoudre l'éventuel problème. Trop de discours bloque la mise en œuvre d'autres modes de communication peut-être plus propices. À trop parler, ne faire que parler, on finit par se répéter. Pour cheminer ensemble, pour tenter de dénouer une situation, il ne faut pas tourner en rond. Face à un adolescent qui se replie sur lui, mieux vaut contourner la situation et tenter d'autres approches : sortir se promener, aller au cinéma, parler de toute autre chose plutôt que d'insister sur une question. Un éprouvé ou un vécu partagé autorise ensuite une reprise du débat sur le point litigieux et ouvre à des solutions possibles ainsi qu'à une ouverture sur une parole vraie.

Lise et Paul étaient préoccupés par le changement d'attitude de Clémentine, leur fille de 15 ans. Ensemble, ils la questionnaient : pourquoi ces silences en famille, pourquoi ces écouteurs perpétuellement vissés à ses oreilles, pourquoi ces cachotteries au téléphone avec on ne sait qui ? Entre eux, ils discutaient des heures, imaginant le pire, le racket, la drogue, la dépression. Plus ils en parlaient, plus ils la harcelaient. Lise suggérait avec insistance à Clémentine d'aller voir un « psy », Paul trouvait l'atmosphère irrespirable, Brice, le petit frère, multipliait les bêtises pour que ses parents s'occupent de lui et Clémentine de plus en plus silencieuse ne pensait qu'à s'échapper de la maison. Et puis Paul a eu l'occasion de participer à un week-end organisé par son comité d'entreprise.

Alors qu'il proposait à Lise ce séjour et qu'elle refusait, Clémentine, à la surprise de tous, a demandé à son père de l'emmener. Charmante et bavarde pendant cet intermède, au hasard d'une conversation sur le télésiège, elle a confié à son père qu'elle ne se sentait plus chez elle dans leur appartement. Partageant sa chambre avec Brice, elle se sentait épiée et mal à l'aise. Il se mêlait trop de ses affaires, avait découvert un secret. Paul, mesurant le malaise ainsi produit, lui a promis de réfléchir à une nouvelle répartition de l'espace afin qu'elle ait son coin à elle.

« Ceux qui explorent le domaine de la psychologie doivent d'abord savoir que l'adolescent ne désire pas être compris[1] *»*

Dans cette période charnière de la vie, dire et se dire s'avèrent indispensables, soulageants, ardus, libérateurs. L'adolescent privilégie des voies de communication indirectes, un choix qui déroute l'entourage, un choix par lequel il signifie son désir de ne pas être compris. Il craint la transparence : être deviné, devancé, ça lui « prend la tête ». Quand il avait 4 ans, au moment où il s'initiait au mensonge, il imaginait que sa mère pouvait lire ses pensées négatives dans sa tête. Quelques années plus tard, cette croyance resurgit et fait écho à ses craintes. Les entretiens de la ligne Fil Santé Jeunes l'illustrent de manière flagrante : nombreux sont ceux qui demandent si la mère devine les premières règles et surtout le premier rapport sexuel.

Les professionnels qui se targuent de bien connaître

1. D. W. Winnicott, psychanalyste anglais.

la problématique adolescente apprennent à leurs dépens qu'il est préférable de s'abstenir de telles déclarations devant ses propres enfants. Pour être sûrs de ne pas être des livres ouverts pour leurs parents, leurs adolescents affichent des conduites incompréhensibles à leurs yeux.

Le langage, la musique, l'écriture, quand ils se dérobent aux contraintes des codes adultes, deviennent des modes d'expression plus faciles et satisfaisants.

Le succès du téléphone pour s'épancher, quel que soit le registre abordé, s'explique parce qu'il demeure un mode de communication insaisissable. Sans attaches, pas capté, pas captif, l'adolescent peut y parler. Il maîtrise l'enjeu du dialogue, donc se sent plus créatif. Délié de son corps qui l'embarrasse et lui pèse, la parole hors corps du téléphone lui permet un désengagement de celui-ci dans l'espace de la rencontre et de l'échange. Cette assertion reste valable pour bon nombre d'adultes. Le téléphone par son caractère artificiel autorise à risquer une parole trop difficile à soutenir face à un interlocuteur.

Parler au téléphone

Le téléphone pour tous, dans les sociétés industrialisées, est inscrit dans la réalité sociale et professionnelle. Il tient aussi une place importante dans la vie affective, entretient et maintient les liens, rompt l'isolement. L'outil invite, depuis le cocon familial, à passer des heures à dialoguer, à parfois monologuer.

Il peut s'agir de tromper l'ennui, d'avoir l'illusion d'un temps partagé, de rechercher une écoute attentive sans jamais la percevoir.

Il arrive que des conversations deviennent des moments privilégiés de confidences, d'intimité.

Dans cet espace original et virtuel qui met en situation de communiquer deux êtres géographiquement séparés se développent des formes d'échanges diverses, de la plus pauvre à la plus intense.

Dans cette bulle, cette parenthèse, on ne sait parfois plus qui parle à qui pour lui dire quoi. Introspection, confession, décharge, les multiples figures du téléphone séduisent prioritairement les adolescents et peut-être la part adolescente qui sommeille dans bien des adultes.

Le téléphone, une histoire

Le téléphone, un objet indissociable de la parole, utilisé par tous, hommes, femmes, quel que soit l'âge, est une invention somme toute assez récente. Tout commence en 1809 par un mot français, qui sur le mode du télégraphe désigne un appareil de laboratoire. En 1828, la téléphonie qualifie un système de signaux sonores musicaux puis, en 1836, la « parole à distance », avant de s'appliquer en 1876 à la technique moderne inventée par Alexander Bell. L'appareil téléphone transmet des sons à distance grâce à une membrane vibrante (microphone), un circuit électrique et un récepteur. Le téléphone, devenu objet usuel en quelques décennies, abolit l'espace et le temps.

Destiné à faciliter la transmission d'informations,

son usage fut très vite détourné par les agricultrices américaines séduites par ce moyen de communiquer avec leurs voisines trop éloignées ; d'outil fonctionnel, le téléphone devint alors le vecteur des « conversations bigoudis » de ses premières adeptes. Depuis, les hommes en auraient un usage plus pragmatique que les femmes. Pour tous, se parler, se raconter et raconter sont devenus des possibles au quotidien. Les limites de la communication se sont élargies, jusqu'à créer l'illusion du « jamais seul », du toujours « rattrapable » si mal ou pas dit de visu.

Un des premiers jouets manipulés par le petit enfant est un téléphone, souvent en plastique, matérialisant l'importance de ce média dans les dernières générations. À l'observer, c'est plutôt sa mère qu'il imite, confirmant comme communément admis que c'est au féminin que se déroulent les longues conversations téléphoniques. Les premières « conversations bigoudis » ont été relayées par les confidences ininterrompues entre adolescentes, par les secrets, ragots, soucis quotidiens commentés à l'envi entre femmes adultes, auxquelles s'ajoutent les carnets du jour et autres nouvelles diffusées avec force détails qui maintiennent les liens amicaux et familiaux.

Il serait cependant erroné d'attribuer des contenus affectifs exclusivement aux communications téléphoniques entre femmes. Si pour une bonne part, tout au long de leurs vies respectives, les fils s'entretiennent facilement avec leur mère au téléphone, ils y discutent aussi avec d'autres femmes. Une étude française remarque : lorsqu'un homme appelle une femme, c'est généralement lui qui pose des questions d'ordre privé, relance la conversation, la fait durer. La correspondante se révèle plus timorée dans l'échange quand il s'écarte d'un registre fonctionnel. Par ailleurs les hommes coupent plus la parole que les femmes, c'est socialement mieux accepté.

Dans un autre contexte, que dire des longues communications entre amoureux qui se déclinent tant au masculin qu'au féminin ?

Jeunes hommes ou hommes d'âge mûr sont peu enclins à prolonger, entre amis, l'échange par téléphone. Ils privilégient la rencontre, peut-être parce qu'elle motive une sortie « hors la maison », hors le territoire domestique.

Se déplaçant moins, moins loin, dans des espaces plus étroits, plus protégés, ayant moins de cercles d'appartenance, de partage, même si ces différences s'atténuent depuis quelques années, les femmes plus confinées à la maison compensent une forme d'enfermement par le téléphone.

Jeunes filles, plus surveillées que les garçons, elles ont accès aux autres via le téléphone. Mères de famille à l'emploi du temps surchargé, elles s'accordent une vie sociale par téléphone, économique. Dialogues préservés où elles parlent d'elles, s'extraient des contraintes familiales. Enfants, conjoint ne sont pas dupes, supportant mal cette absence quand bien même le corps est là, ils manifestent leur présence, l'interrompent, lui signifient qu'elle n'est pas où ils estiment qu'elle se devrait d'être.

Grand-mères, c'est grâce au téléphone qu'elles participent sans intrusion excessive à la vie des enfants et petits-enfants. Elles prolongent plus facilement, malgré d'éventuelles distances géographiques, les relations amicales établies au cours d'une vie sociale et professionnelle.

Une étude menée par Carole-Anne Rivière, financée

par France Télécom[1], remarque que le téléphone « contribue à l'intégration sociale dans des contextes de solitude ou d'isolement ». C'est avant tout le fait de vivre seul qui contribue à son usage intensif. Les jeunes de moins de 30 ans encore célibataires, les mono-parents, les retraités isolés sont ceux qui passent le plus de temps au téléphone. Encore plus que l'isolement, c'est le sentiment d'être seul qui incite également à téléphoner. L'auteur note que chez les jeunes célibataires actifs ou étudiants, « le lien téléphonique vient combler le sentiment passager de solitude en privilégiant quelques relations choisies et s'inscrit dans la continuité des autres formes de sociabilité ». En général, le téléphone pallie le manque de rencontres, toutefois il est aussi un signe du risque de raréfaction de la sociabilité en face à face.

La moitié des appels téléphoniques concernent des individus qui vivent à moins de dix kilomètres de distance ; 60 % se rencontrent quotidiennement.

Dans un autre registre, le téléphone se révèle un support majeur du lien familial dans les populations émigrées. Quel que soit le niveau socio-culturel, l'éloignement incite à compenser le manque de paroles et de vécu partagés par le téléphone. Dans les familles les plus nanties, il se combine avec l'écrit, lettres manuscrites, mails. Dans ces mêmes familles, les voyages, souvent rythmés par les vacances scolaires, ravivent, à espace régulier et fréquent, l'intensité des relations. S'agissant de personnes aux conditions de vie moins favorables, en particulier d'origine maghrébine ou africaine, l'appel au pays est un rite hebdoma-

1. « Le téléphone, un facteur d'intégration sociale », INSEE, *Économie et statistiques*, n° 345.

daire, bi-mensuel ou mensuel, un rendez-vous à plusieurs de part et d'autre du fil, haut-parleur aidant. Une jeune infirmière sénégalaise relate ce cérémonial coûteux auquel elle ne peut échapper sous peine de blesser, vexer parents proches et éloignés. Elle s'y plie même si cela ampute considérablement son budget. Les opérateurs ne s'y sont pas trompés, mettant sur le marché des cartes avec des unités aux prix concurrentiels à destination de l'étranger. Dans certains quartiers parisiens, des rassemblements, une activité sociale se sont créés autour des cabines et des appels « au pays » comme pour agrémenter ces rendez-vous avec des absents. Téléphoner si loin en se voyant si peu semble parfois relever plus d'une obligation que d'un plaisir partagé, le téléphone à lui seul ne suffit peut-être pas à entretenir le vivant des relations.

Une étude menée par C. Calogirou en 1997, à Chanteloup-les-Vignes, cité composée de logements à loyer modéré, cumulant les difficultés sociales et une paupérisation croissante, révèle l'appropriation du téléphone familial par les enfants et plus particulièrement la jeune fille. C'est souvent sa chambre qui devient la pièce du téléphone. Les parents, et très particulièrement le père, ont alors une faible utilisation du téléphone. Ils confient aux enfants le soin d'effectuer les appels d'ordre administratif ou relevant de l'urgence, eux-mêmes se sentant plus à l'aise dans les démarches avec un contact direct.

Être proche géographiquement n'empêche nullement l'utilisation massive du téléphone et indique que les réactions affectives à la séparation ne sont pas proportionnelles à la distance entre les interlocuteurs.

« *Parle afin que je te voie*[1] »

Cette maxime s'entend à deux niveaux : parle pour que je te connaisse, mais aussi parle pour que je te reconnaisse, que je te regarde pour de bon. Lève le voile, dévoile-toi.

Le téléphone est un canal idéal pour les échanges quels qu'ils soient, et en particulier pour les confidences, il maintient et fait du lien. Néanmoins, il existe une importante différence entre ce qui est dit dans la journée lors de la rencontre et ce qui se dira plus tard au téléphone. Encore plus qu'en face à face, le discours peut se saisir à deux niveaux, celui qui engage, celui qui n'engage pas : parole creuse ou parole pleine. Dans certaines occurrences, les interlocuteurs se laissent aller à ce qu'ils reconnaissent eux-mêmes comme des conversations superficielles. C'est alors le temps de décrire ce qu'ils sont en train de faire et de retracer les menus événements de la vie quotidienne. Dans d'autres circonstances, ils prononceront une parole qui engage celui qui la profère, parole par laquelle s'engagent sa subjectivité et sa responsabilité. Une parole reste à la superficie de l'être, tandis que l'autre cherche l'essentiel de l'être.

Un tiers des hommes déclare ne pas du tout aimer téléphoner, contre un quart seulement des femmes[2]. Quant au portable, jouet technique, plus prisé des hommes à sa sortie, il comptait, en 2001, 47 % d'utilisatrices. Les femmes, selon le sociologue Patrice Flichy, chercheur au CNRS, s'isolent plus souvent que

1. G.C. Lichtenberg, *Aphorismes.*
2. « Le sexe du téléphone », revue *Réseaux,* n° 103.

les hommes quand elles se servent du portable. Elles baissent le ton. Les hommes seraient donc les moins discrets sur leur portable ; oubli des autres, concentration, efficacité, manque de respect, frime ? Parfois, peut-être, résurgence d'une part adolescente. Celle-là même qui incite à posséder un portable dernier cri.

Le portable

L'introduction d'un téléphone mobile dans la sphère familiale a considérablement modifié les comportements des uns et des autres quant à son utilisation :

— d'une part, le téléphone « maison » mobile à usage social et budget commun ;

— d'autre part, le portable transportable au loin mais toujours au plus près de soi avec forfait individuel.

Les temps du téléphone

Ces objets récents, devenus indispensables à presque tous, préservent l'intimité voire le secret d'un dialogue. La suppression du cordon, assignant l'usager du téléphone à une place fixe, transforme la dynamique de l'appel. Celui qui téléphone devient mobile lui-même. Il peut vaquer à d'autres occupations tout en téléphonant. Faire la cuisine, surveiller les devoirs des enfants, toutes sortes d'actes sont praticables, à condition qu'ils n'entraînent pas trop de bruits parasites.

L'arrivée du portable a bouleversé la place des temps possibles pour parler au téléphone. L'adolescent évite de s'en séparer. Un achat sur quatre lui est destiné. Dans la poche, à table, sur la table de nuit et même en classe grâce au vibreur, il est toujours branché, connecté, au cas où...Le portable est au cœur de son intimité, il est collé au corps, fait partie intégrante de l'individu.

Obtenir un portable est souvent une victoire de l'adolescent. C'est un cadeau à double tranchant : d'un côté, il aliène une partie de sa liberté et l'inscrit pleinement, souvent à son insu, dans la société marchande, et d'un autre, il l'insère d'une certaine manière dans le tissu social.

Si le portable signe l'autonomie, il est aussi un cordon : « Où es-tu ? » « Que fais-tu ? » Certains parents l'offrent avec l'arrière-pensée de pouvoir joindre leur enfant à tout moment, voire d'exercer un contrôle sur eux. C'est un leurre supplémentaire, mais, au niveau imaginaire, une façon de prolonger au-delà de l'enfance le lien avec leur enfant devenu adolescent. Il est souvent difficile pour un parent de s'apercevoir ou de réaliser qu'« il » ou « elle » est devenu(e) un individu avec des besoins et des goûts nouveaux. Ces mêmes parents, un jour, irrités par des factures imprévues, envisagent la suppression de l'objet somme toute bien peu protecteur.

Le contrôle relatif des temps de forfait, leur dépassement par un adolescent trop bavard, certains mois, sont source de conflits et d'âpres négociations. Qui doit payer l'« explosion » du forfait ?

Les adolescents ont un mal fou à comprendre qu'ils

doivent se limiter dans l'utilisation tout autant du téléphone familial que du portable, alors même que les parents peuvent l'utiliser à leur guise, sans limite apparente de temps.

L'adolescent argumente pour conserver ce précieux lien avec le monde extérieur, il justifie sa nécessité par cette apparente sécurité : « Je peux toujours t'appeler, te dire si j'ai un problème pour que tu ne t'inquiètes pas. » Joignable à tout moment... mais alors pourquoi ne décroche-t-il pas ?

Benjamin, 16 ans, raconte : « Quand j'étais plus jeune, j'ai d'abord eu un "Tam-Tam" offert par mes parents. J'étais très content au début ; avec mes frères et mes cousins, on s'envoyait des messages, mais c'était compliqué, on se disait pas grand-chose, on ne se lâchait pas. Et puis, mes amis n'en avaient pas. Alors j'ai embêté mes parents pour qu'ils m'achètent un portable. Finalement, j'ai échangé gratuitement mon Tam-Tam contre un portable à carte. Comme les cartes coûtaient cher, maman a décidé que j'aurais un abonnement. Ç'a commencé avec une heure d'abonnement puis, parce que je dépasse tout le temps mon forfait, j'ai maintenant six heures par mois. Maman râle, mais quand papa veut supprimer mon portable, c'est elle qui me trouve des excuses. Elle m'appelle tout le temps pour me dire de faire des trucs, pour savoir où je suis, si ça va. Quand j'explose mon forfait, elle me retire de l'argent de poche. Je m'en fiche, mon portable je peux plus vivre sans. Je l'emporte même en cours, je l'éteins, et j'écoute souvent les messages ou je mets le vibreur. »

Portable et attitudes sociales

Le portable permet de parler sans réserve, de se montrer dans l'espace du social, au vu et au su de tous. Qui n'a pas souri face à ce jeune homme qui joue à l'homme d'affaires « sursollicité » ?

Quel étonnement pour cette grand-mère qui, attendant un bus, entend une jeune femme décrire les troubles provoqués par ses ovaires !

Quel amusement agacé pour cette mère et ses filles importunées pendant tout un voyage en train par ce jeune homme leur imposant l'écoute de ses multiples appels sur son portable ! Il relate ses conquêtes amoureuses, décrit ses différents exploits pour finir par engager la conversation avec elles pour s'assurer de ses effets. Quelques semaines plus tard, elles le reconnaissent dans l'habit d'un jeune père de famille poussant un landau !

Bizarres ces amoureux qui évaluent la distance qui les sépare et se rassurent : « T'es où ? », « J'arrive, je suis à deux pas, regarde, je suis près de la poste ». Qu'en est-il de l'attente fébrile, des doutes : « Viendra-t-il ? », « A-t-elle oublié ? Elle a trois minutes de retard, pourvu qu'il ne lui soit rien arrivé ! » Moins d'émoi, pas de surprise, de frémissement quand il surgit là où on ne l'attendait pas ; le portable balise l'émotion de la rencontre.

Que penser de ces deux jeunes filles qui se donnent rendez-vous dans un bar apparemment pour se voir, probablement pour se parler, et qui après un bref échange composent un numéro sur leurs portables respectifs et mènent l'une en face de l'autre une discussion avec chacune son interlocuteur invisible ?

Sont-elles en proie à une difficulté encore adolescente d'amorcer la conversation ? Ou saisissent-elles l'opportunité de se donner à voir, par le truchement d'une mise en scène où le partenaire serait un personnage aux contours modifiables parce que invisibles ?

Pratique, le portable autorise une mobilité accrue. Il permet de garder le lien entre amis, de se raconter en instantané, de donner son avis sur tout, à tout moment, de se rencontrer presque sans anticipation. On ne téléphone pas à un lieu précis mais à une personne où qu'elle se trouve. D'ailleurs la première question adressée à un possesseur de portable est la suivante : « Téoula ? »

La deuxième est : « Kestufé ? » La fréquentation des lieux publics nous indique que chacun répond par le détail : « Je suis à la boulangerie, j'achète le pain », « Je suis à la banque, il y a du monde ». Ces propos triviaux rappellent aux témoins involontaires où ils se trouvent, et les auditeurs malgré eux entrent dans l'intimité de l'autre.

Le portable autorise à faire irruption dans le quotidien de l'autre, mots d'amour susurrés à la caisse du supermarché, questions ménagères débattues au restaurant, gronderies et mouvements d'humeur divers dans un transport en commun. C'est une véritable question éthique qui se pose ici. Cette intimité exposée aux oreilles des autres participe sans doute à une tendance culturelle exhibitionniste. Cette « extimité », intimité mise à l'extérieur, proposé à un public qui de plus ne le demande pas, pose problème. Celui qui répond au téléphone dans un lieu public est tellement absorbé par son interlocuteur qu'il en arrive à oublier son environnement. C'est le danger principal du portable au volant. On est dans une bulle à deux au téléphone, et le dehors vient au second plan. La tranquillité et l'intimité de chacun sont ainsi forcés par des adolescents, mais aussi par des adultes, qui étalent leurs soucis affectifs ou les détails de leur vie privée. Comment ne pas entendre, faut-il se boucher les oreilles ? Dans certains lieux, les portables sont interdits pour des raisons de sécurité : avion, hôpitaux. Dans d'autres, il est demandé de l'éteindre : certains restaurants, théâtres, et bien sûr au collège et au lycée.

Chez le « psy », il n'y a pas de règle précise mais certaines situations deviennent cocasses. Une jeune étudiante répond alors qu'elle est allongée sur le divan, puis se confond en excuses. Tel autre adolescent n'ose pas décrocher et laisse sonner interminablement une sonnerie baroque. Un autre se lèvera d'un trait pour aller éteindre la sonnerie intempestive.

D'une façon plus globale, des règles de civilité et de respect de l'intimité devraient être trouvées car l'envahissement des lieux publics par les portables entraîne de réelles nuisances, pas toujours causées par les adolescents...

La discrétion du portable autorise des appels nocturnes, quasi imperceptibles. Marie, une mère, s'étonne des chuchotements qu'elle perçoit un soir, vers minuit, dans la chambre de son fils de 17 ans. Parle-t-il tout seul, rêve-t-il ? Non, il est amoureux. Chaque soir il peut, à l'abri des regards familiaux, retrouver la présence de son amie. Son portable lui procure un espace d'intimité protégé.

Faut-il rappeler à quel point le portable chez les adultes favorise l'illicite ? À 23 heures, pendant la promenade du chien dans les rues des villes, quelles urgentes conversations sont tenues sur les portables ?

Le portable, indépendance ou dépendance ?

Le téléphone portable compte en France environ 30 millions d'abonnés qui, en achetant un service supposé leur faciliter la vie, se sont créé une dépendance envahissante, persécutante, coûteuse. Il est possible avec les différents moyens techniques de filtrer ses appels, de faire en sorte que la sonnerie diffère selon les appelants, de voir s'afficher qui appelle, de choisir de répondre ou pas à tel interlocuteur.

Les adolescents ont parfois une conscience aiguë de leur dépendance à l'égard de cet objet magique comblant nombre de leurs désirs. Partir du domicile familial sans son portable, c'est perdre une part de sa personnalité, de son autonomie et des connexions au monde. Tous les numéros des correspondants sont dedans.

Les moments de solitude peuvent même être plus facilement supportables grâce aux jeux.

Le succès du portable : une révolution et une épidémie mondiale, 400 millions de Terriens seraient touchés. Les Italiens, qui furent les premiers accros à l'objet, nomment le phénomène « la zigzagante ». Dans moins de dix ans, l'Union internationale des télécommunications affirme qu'il y aura plus de mobiles que de téléphones à prise.

Étonnamment, le fait de se servir de son portable, de multiplier les abonnements familiaux auxquels s'ajoutent de plus en plus les abonnements professionnels, ne diminue pas la consommation du poste fixe. Plus la téléphonie gagne en développement technique, plus le besoin augmente. Sans son portable on se sent mal : plus de batterie, panique. Constat d'oubli un matin sur le chemin du bureau : demi-tour, impossible de ne pas être branché toute une longue journée. En mer, à la montagne, tout est prévu, sac étanche, étui anti-choc.

Récemment, plusieurs sauvetages ont été grandement facilités par un repérage dû aux portables des accidentés. Des portables ont été saisis dans les prisons. Le portable peut aussi trahir, il a permis de localiser des truands. Parfois il en sait trop : ainsi Alexandre Sirven a-t-il préféré avaler la puce de son portable plutôt qu'elle ne livre ses secrets aux policiers venus l'arrêter ? Mais le pire des dangers ne serait-il pas celui de se laisser persécuter au quotidien par le portable ? Il faut se méfier d'une constante joignabilité en veillant à la moduler. L'absence permet aussi de mieux se retrouver.

Le téléphone portable, en l'espace de peu d'années, est devenu un lieu d'identification pour les jeunes sans domicile fixe. Sans adresse personnelle mais détenteurs d'un portable à carte qui représente une adresse sur soi, un instrument de socialisation, ils sont eux aussi joignables. Serait-ce le même principe pour les adolescents ? À la fin des vacances, les plus jeunes, qui souvent ne connaissent que leurs prénoms, échangent leur numéro de portable en lieu et place de leurs nom et adresse. Les grands adolescents, majeurs, qui vivent chez leurs parents, affirment leur liberté en donnant comme coordonnées le numéro de leur portable personnel. Les populations les moins indépendantes financièrement se sont « emparées » d'un objet, d'un service ; ce ne sont même pas les opérateurs qui ont créé le besoin.

Objet collé au corps, il suscite l'envie, se remarque et marque. Objet prisé par les jeunes, il se montre comme une parure et est volé comme telle. Moins valorisé par les adultes, il est conservé par eux aussi longtemps que son fonctionnement s'avère satisfaisant, provoquant les moqueries des plus jeunes lorsqu'ils exhibent leur vieux, gros, lourd appareil qualifié de « frigo », de « machine à laver », la « honte » pour un ado.

Le portable est le reflet de la personnalité de son possesseur, souvent de sa condition sociale, il devient manifestation du paraître. Les différents types de portables varient en fonction des utilisateurs, des modes, des goûts mais aussi des budgets. Les coques interchangeables donnent l'illusion d'en posséder plusieurs.

Les logos permettent de personnaliser son écran de veille : en regardant ainsi son portable, l'utilisateur va se reconnaître et le reconnaître. Ils se téléchargent sur Internet, témoin supplémentaire de l'intrication des nouvelles technologies dont les adolescents sont très friands.

L'avenir du portable

Les portables de demain, pas encore commercialisés, sont encore plus petits et peuvent tout faire ou presque. Leur taille et leur poids ne sont plus compatibles avec un clavier. Les commandes se gèrent par reconnaissance vocale ou avec un stylet qui navigue sur un écran tactile. Certains modèles intègrent un petit appareil photo numérique. Des fonctions d'organisateur électronique type Palm peuvent être adjointes.

On peut passer d'Internet, système de communication ouvert sur le monde entier, directement à une relation individualisée par téléphone d'un simple clic sur l'écran. On passe d'une « néo-réalité » à l'incarnation au travers d'une voix au téléphone.

Grâce à la webcam et à la connexion Internet haut débit, on peut se parler, se voir, s'entendre d'un bout du monde à l'autre ou d'une rue à l'autre. Un jour viendra sans doute le portable visiophone. Il ne sera sans doute pas adopté par les adolescents, qui recherchent précisément à ne pas être vu. Avec ou sans Internet, ce type d'appareil, en restaurant les coordonnées visuelles, entraînera cependant un changement profond des habitudes du téléphone.

En France, 43 % des adolescents utilisent préférentiellement les SMS (messages courts). Plus pratiques que le fax ou l'e-mail, les SMS font partie de leur quotidien. Même les adultes ont appris à s'en servir. Le phénomène est général en Europe : entre 15 et 20 millions de SMS s'échangent quotidiennement en Italie, 18 millions en Allemagne[1]. Dix milliards de SMS s'échangent chaque mois en Europe en 2002.

Les différentes technologies avancent à grands pas, articulant la téléphonie et Internet. Ce qui n'est que balbutiant en France ou en Europe – 3 % seulement des adolescents se connectent à des services WAP permettant de se relier à Internet – est déjà très développé au Japon, pays détenteur du plus grand nombre de portables, 72 millions : le WAP n'est qu'un pâle reflet du « i-mode » qui y fait fureur chez les moins de 30 ans. Introduit en 1999, il s'agit d'un service proche d'un minitel hypersophistiqué associé à la téléphonie mobile. Son coût se révèle moins prohibitif que celui des communications Internet via un poste fixe. Le i-mode fonctionne avec un standard unique. En 2002, environ un quart de la population, soit 31 millions

1. Étude EURESCOM P903 menée par les opérateurs télécom de 9 pays européens.

d'abonnés au i-mode, a la possibilité de se brancher sur 50 000 sites Internet, de recevoir des informations presse, de commander des billets de train ou d'avion. S'ajoute l'accès aux programmes des cinémas, et bien sûr à d'innombrables jeux vidéo. Le MMS arrive en France. Ce portable prend des photos que l'on peut envoyer à un correspondant, comme un texte dans un SMS. A quand le vidéophone portable ?

Le portable est-il dangereux pour la santé ? Des mises en garde ont été faites dans un récent rapport ministériel. L'usage d'un kit mains libres y est préconisé. Sont attendus les résultats d'études sur la toxicité potentielle des portables sur le cerveau, les organes génitaux : les testicules (portable dans la poche de pantalon), les ovaires (dans la veste chez les femmes), et bien sûr chez la femme enceinte dans la région péri-ombilicale. Le rapport insiste sur le risque chez les adolescents. La mesure du Débit d'absorption spécifique (DAS) est régie par des normes internationales, et est variable d'un téléphone à l'autre. Le « bio phone » a vu le jour, annoncé comme quasi sans radiations !

Ces mises en garde freineront-elles l'essor irrésistible du portable ? Rien n'est moins sûr !

Mirage d'un objet aux vertus improbables, le portable reste dans le registre phallique. Il est supposé conférer des pouvoirs supplémentaires à celui qui en est le possesseur. Les fabricants, les opérateurs dès la conception de cette nouvelle technologie avaient-ils anticipé ces utilisations actuelles, leur ampleur et en particulier la façon dont les jeunes s'en empareraient ?

Les « résistants » au portable sont cependant nombreux et se portent bien ! Ils résistent, sans états d'âme, au mythe de l'immédiateté et de la téléportation, et du « joignable-à-tout-instant ». Ils préservent ainsi jalousement des espaces libres en s'évitant de nouvelles dépendances et aussi des contraintes supplémentaires.

Ce sont essentiellement des adultes qui utilisent à toute heure le téléphone. Les adolescents en ont, de par leur emploi du temps scolaire, un usage malgré tout restreint. Tous les adeptes du mobile sont dépendants[1]. Ils croient l'être d'un objet, le portable, mais ils sont dupés, l'affaire est plus grave. Elle se joue au niveau symbolique. Il s'agit avant tout d'une marque de dépendance à l'autre, d'une addiction au contact et à la parole, même si c'est souvent une parole vide qui est proférée. Elle donne l'illusion, pour un temps au moins, de ne pas être seul, d'être au contact de l'autre, proche de lui.

Il n'en reste pas moins que, pour tous, aujourd'hui, le téléphone est familier, voire indispensable, pour se parler de près ou de loin, pour dire du grave ou du léger, pour s'informer, régler ses « affaires » en limitant les déplacements.

Pourquoi se parler au téléphone ?

Un rapide panorama des pratiques du téléphone illustre la variété des comportements et souligne une différence homme-femme. C'est dans ce contexte que plusieurs générations d'adolescents ont enraciné leur besoin de téléphoner, avec la nouvelle donne du portable.

---

1. Au Japon, les moins de 25 ans se définissent eux-mêmes comme « la tribu du pouce ».

Un signal d'entrée dans l'adolescence : le téléphone

Au début de la puberté, garçon ou fille, il ou elle téléphone de plus en plus souvent et signe ainsi son entrée dans une nouvelle période de vie au cours de laquelle les autres, hors le cercle de famille, vont prendre de plus en plus d'importance. Les adolescents usent et abusent du téléphone. Les excès de temps passé au téléphone illustrent, avec les conflits familiaux qu'ils provoquent, les changements dans les relations intra- et extra-familiales. La parole se prend autrement, elle s'adresse ailleurs. Le téléphone est un plaisir pris hors la sphère familiale. Plaisir crispant pour les parents, qui laissent plus ou moins faire, préférant le temps du téléphone au temps dehors, plus risqué, plus inquiétant. Contraint à rentrer à la maison et à se plier aux règles en vigueur l'adolescent fait du téléphone un instrument de liberté par lequel il renforce ses relations extra-familiales. Quand il était petit, il ne supportait pas longtemps que sa mère physiquement présente soit dans un ailleurs, au téléphone. Quelques années plus tard, à son tour il s'absente, échappe au contrôle, et il l'agace. Il a toujours une bonne excuse pour s'approprier le téléphone : « J'appelle pour mon travail », « J'ai oublié à quelle heure on rentre demain, un prof est absent », « Elle était malade, je dois lui donner le cours ». Il aime ces discours qu'il initie, comme il veut, quand il veut, mais pas à la demande de l'adulte. Il a trouvé un moyen de contact qui facilite les points de rencontre ou les échanges utilitaires.

Si les filles parlent entre elles au début de l'adolescence et plus longtemps, plus souvent que les garçons ne le font dans cette même période où ils ont plus de mal avec les mots, dès qu'ensemble ils nouent des relations mixtes, ils les poursuivent au téléphone. Les adolescents ont besoin de leurs pairs pour vérifier ce que le quotidien leur a renvoyé. Il ou elle sort avec ses copains et, à peine revenu(e) dans la maison, commente le temps passé à l'extérieur avec le groupe, dans une relation à deux plutôt qu'à plusieurs. Bien plus tard, adulte, plus mûre, capable de différer un tant soi peu le besoin de s'exprimer, elle plus que lui continuera, respectant un délai de quelques heures, à s'adonner à ce plaisir adolescent du bavardage critique, à deux, avec sa sœur, son amie, après une réunion familiale, amicale ou professionnelle.

Les jeunes filles discourent au téléphone. Elles tentent de répondre à leurs interrogations sur les relations avec leurs congénères, tout autant qu'avec leur famille. Dans la cour du lycée, un garçon les aura regardées avec insistance, que faut-il en déduire ? Lui plaît-elle ou au contraire a-t-il perçu les défauts qu'elle se connaît, qui l'obsèdent, qu'elle camoufle, et qu'il aurait devinés par un simple regard ? Ses parents ont refusé d'acheter le vêtement convoité alors qu'ils ont offert un vélo à son petit frère, c'est injuste. La ou le confident va alors rassurer, guider, conseiller. C'est la psychopathologie du quotidien qui se rejoue au téléphone. Le moindre des événements doit être reparlé, analysé, fouillé, pour tenter d'en saisir les multiples facettes.

Pour la jeune fille oser être l'initiatrice de l'appel à un garçon, c'est souvent manifester son désir d'être seule avec lui, de s'adresser à lui sans le soutien du groupe. Une relation privilégiée, amicale ou amoureuse, peut ainsi s'installer.

Amoureux, il ou elle ne quitte plus le téléphone des yeux, instrument à la fois magique et diabolique qui symbolise alors tout autant le lien, la proximité que la séparation, l'attente. Les échanges durent et deviennent interminables. Là aussi cette attitude typique pourra resurgir adulte.

Si le rapport amoureux n'est pas engagé, ce sera de longues interrogations angoissées sur leurs sentiments et ceux supposés de l'être aimé. La possibilité du rapport amoureux invite à la parole, ouvre l'espace d'un appel à l'autre. Cette parole se fait fluide, souvent inquiète du futur, des différentes possibilités envisagées. Pour une fois l'adolescent se projette, mais surtout il remet en question sa propre subjectivité. Celle-ci est en effet en plein remaniement, avec un narcissisme à fleur de peau. Dans cette période de fragilité, trop de remise en cause peut aller dans certains cas jusqu'à un effondrement dépressif. C'est tout l'intérêt de l'usage du téléphone dans ces cas : tant la plainte que les questions peuvent se dire, au lieu de rester tapies au fond de soi. Si on se trompe ou se fourvoie, la honte est moins grande, le questionnement moins radical aux yeux de l'autre.

Martin a 17 ans, il vient de rencontrer une jeune fille, il « sort avec » depuis quelques jours. Elle sait tout sur lui, dit-il, mais il ne connaît rien d'elle. Il sait qu'elle a interrogé leurs copains communs. Elle a demandé à une amie de les présenter et l'histoire a démarré très vite. Un jour, il arrive en retard à son cours de musique, il a raté la station de bus parce qu'il discutait avec elle sur le portable. Il a « explosé » son forfait, battu son record, la conversation a duré deux heures. Ils ont parlé des cours, d'un film, des amis et puis elle lui a dit qu'elle l'aimait. Il n'a pas su quoi répondre. Il se trouverait ridicule de dire des mots d'amour. C'est trop tôt, il ne la connaît pas si bien. « En face, on n'a pas besoin de se dire des mots aussi forts. Au téléphone, c'est pas pareil, c'est difficile de rester silencieux. Quand on est près l'un de l'autre, on peut se toucher la main, s'embrasser, on n'a pas besoin de parler. Au téléphone, on ne se voit pas, on n'arrive pas à arrêter la conversation même si on n'a rien à se dire, alors on dit : « à trois, on arrête » (comme les petits enfants). Si on y arrive, on regrette, donc on continue à parler et ça dure des heures. On se voit tous les jours, mais c'est pas pareil. »

« *Posséder la vérité dans une âme et dans un corps*[1] »

N'est-ce pas là un des mythes des adolescents ?

Leur question centrale consiste en une recherche de la vérité, vérité des sentiments, vérité de la correspondance entre le vécu et les mots pour le dire. Une série d'essais et d'erreurs sont nécessaires à l'approche progressive d'une stabilité de position dans la parole. Un temps est nécessaire pour que les identifications s'affirment (savoir qui on est), et que la parole s'harmonise avec la subjectivité (avoir des impressions diverses, contradictoires, sans que cela porte atteinte à la cohérence de l'être). Au téléphone, ponctuellement, cette installation dans la durée est économisée.

Les communications à contenu affectif éclairent les spécificités d'un mode de communication explicite tant qu'il demeure fonctionnel mais complexe si l'on se penche sur ce qui se dit plus aisément au téléphone

1. Rimbaud, *Une saison en enfer*, Flammarion, 1989.

que face à face. Pourquoi parlons-nous autrement au téléphone ?

L'outil transforme nos perceptions de l'espace et du temps, nos subjectivités également. Encore une fois, converser au téléphone permet une mise à distance de l'autre pour se concentrer sur son intérieur. L'autre est tellement loin, même s'il habite à côté, que le locuteur est en fait centré sur lui-même, sur ses sensations internes et il va fouiller au plus profond de lui-même.

La voix est projetée. Transportée au loin par un canal artificiel, elle pénètre dans le corps de celui à qui elle s'adresse, malgré la distance mais collée à son oreille. Le séparé devient l'incorporé, dans une relation où les corps sont éloignés. Ils ne se voient pas, ne se touchent pas, ne se sentent pas, ne se goûtent pas. L'ouïe est le seul sens objectivement présent au téléphone.

Nos sens sont les vecteurs de transmission de nos souvenirs : un bruit, une image, une caresse, un parfum, une saveur, et une histoire plus ou moins enfouie resurgit pour notre plaisir ou déplaisir, sans que par volonté nous ayons questionné notre mémoire. Nombreux sont ceux qui à l'odeur d'un chocolat au lait revivent un instant attendrissant de leur enfance. Proust a fort bien illustré ce processus par le souvenir, devenu célèbre, de la madeleine.

Au téléphone tout passe par la voix et le contexte sonore perçu. Les corps qui parfois compliquent, freinent et parasitent la relation sont au repos. La parole, hors du regard et du corps de l'autre, le rend moins proche, moins dangereux, du moins potentiellement. L'interlocuteur peut réagir, mais, s'il réagit, il peut être facilement mis à distance par le seul fait de pouvoir interrompre la communication en raccrochant.

Cependant, la parole garde son poids de force du

désir, de véhicule de l'expression des motions inconscientes, comme des motions conscientes mais vécues sous le sceau de la gêne ou de la honte.

La parole facile au téléphone

La relation désincarnée du téléphone facilite tout autant une communication libérée du poids du passé qu'un retour à la prime enfance.

Le risque pris par le simple fait de parler semble circonscrit. Ainsi les enfants, jeunes comme adultes, parviennent à communiquer sans tension, à distance du corps de leurs parents. L'adolescent relate sa journée à sa mère, il n'est ni dérangé par ses mimiques et mouvements ni énervé par ses vêtements. La fille adulte s'entretient avec sa mère, sans être prisonnière d'un agacement adolescent qui perdure à portée de la vue, de l'odeur du corps de sa mère. S'adressant à son père, elle exprime un peu de tendresse alors qu'ils sont tous deux si réservés quand ils se voient. Les ancrages du passé sont moins sollicités, les places de la réalité du moment sont plus faciles à tenir. Les relations familiales si fortement marquées, entremêlées dans un passé commun à plusieurs, se définissent différemment au téléphone. Dans cette relation duelle, l'individu est libéré d'un environnement prétexte à réveiller les vieux schémas familiaux. Le fils adulte dialogue avec sa mère sans se sentir considéré comme le petit dernier. La mère écoute sans l'interrompre cette aînée qui ne se pose plus en rivale. Chacun s'autorise et est autorisé à être soi, à sa place ressentie juste.

La colère interdite, la rancœur difficile à manifester s'expriment plus ou moins abruptement au téléphone, parfois sans laisser « placer un mot » à l'autre. L'amour aussi se dit au travers des « Je t'embrasse », « Embrasse les enfants », « Embrasse papa », façon de clore l'appel, de se quitter, parfois machinale, souvent sincère même si, les uns à côté des autres, ils ne s'embrassent pas.

Le dialogue spécifique du téléphone permet de dire sans affronter. Le face à face, plus impliquant et plus courageux, oblige à prendre en compte la réalité de l'autre. Il permet de régler un différend, d'exprimer un sentiment en mesurant immédiatement les réactions de l'interlocuteur. C'est parce que irritation, malaise, amour se manifestent en direct, qu'à la fois se vérifie l'authenticité des réactions mais aussi que la parole se contrôle.

La voix sans l'image peut produire de l'incompréhension. Qu'il le veuille ou non, sensible aux mimiques et mouvements du récepteur, l'émetteur évite des malentendus. La relation se vit à deux niveaux comme si la personne du téléphone était distincte de celle de la réalité. Le téléphone est facilitateur mais aussi réducteur. Il morcelle, la voix peut être trompeuse, elle peut devenir insuffisante. Dans un moment où la qualité de l'échange faiblit, le regard manque qui enveloppe, le geste fait défaut qui soutient, si rien ne se passe pour rétablir une bonne situation, l'insatisfaction s'installe.

Mais pour oser se dire, aller à son essentiel, est-il possible d'assumer la totale présence d'un autre ? Verbaliser ce qui passe par la tête, se laisser aller, « délirer » en fait, dire les associations qui se déroulent en direct est plus facile au téléphone.

Au téléphone, les amoureux se parlent des heures, apaisés comme après un rapport sexuel, détendus sans l'excitation des corps. Là encore la parole se risque plus car le corps ne risque rien. Mais à l'opposé du contenu d'une conversation familiale, le vécu partagé sous-jacent ne s'ancre pas dans un passé chargé de souvenirs qui ne demandent qu'à être réveillés et conditionnent les réactions des protagonistes. Les amoureux se découvrent, cherchent ce qui va les rapprocher pour mieux se rassurer. Dans un bain de non-voir, au téléphone ou dans l'obscurité, si près l'un de l'autre ils murmurent des mots doux, nostalgiques sans le savoir d'un état passé et lointain où tout était si bon « dans les bras de maman ». Le cadre du téléphone permet de se débarrasser des vestiges d'un lien fusionnel mère-enfant. À l'inverse, il produit l'agréable résurgence d'une régression de cet ordre pour le jeune ou l'adulte amoureux.

La confidence dépasse l'anecdotique, on se raconte soi, on s'explore dans un jeu de cache-cache, de dire sans dire tout en se l'avouant. C'est parfois le début d'une prise de conscience. On pense à haute voix et on avance, quelque chose se met au clair. On se regarde, on s'écoute dans un face à face avec soi. La perspicacité s'aiguise à l'oreille de l'autre présent sans être envahissant, apte à endosser divers rôles et compétences. L'autre est écho qui relance une parole qui peut aller jusqu'à l'impudeur. Ce qui se dit n'aurait pu se dire les yeux dans les yeux. Dans ce temps « hors » tour à tour silencieux ou prolixe, incontrôlable, exacerbé qui peut être tellement intense, les associations d'idées s'enchaînent. Les « coq-à-l'âne » se suivent sans dérouter celui qui par son écoute les favorise.

Au téléphone, il n'y a que de l'échange de dires, pas de preuves, le réel échappe pour le meilleur et pour le pire. Se dévoiler, donner à entendre l'aspect le plus créatif, farfelu, cru de sa personne, révèle à soi, soulage, stimule. On peut aussi jouer et même tricher. Certains vont jusqu'à s'inventer un rôle, un personnage. En face à face ce serait mentir avec aplomb, au téléphone c'est débrider son imagination, reconstruire sa vie, la rendre plus jolie ou plus intéressante. Tout est possible, ni vrai ni faux à condition de n'avoir pas à se heurter ou se fracasser un jour à une réalité contradictoire. Les adolescents pratiquent ce jeu avec des adultes inconnus appelés sur des lignes commerciales ou publiques, en particulier sur les nombreux numéros verts qu'ils envahissent de scénarios plus ou moins réalistes et bien construits. Ils s'essayent comme les jeunes enfants : « on dirait que ». Ils jouent avec leurs désirs, leurs idéaux. Parfois, ces inventions suggèrent le « roman familial » au travers duquel les enfants revisitent leur histoire.

Oser

De tout temps l'anonymat protecteur du téléphone a eu pour effet d'engendrer des appels fantaisistes. Déjà les demoiselles du téléphone qui assuraient les connexions entre interlocuteurs étaient la cible d'appels inappropriés. Depuis, tous les services d'aide gratuits subissent ces appels. Même les pompiers sont gênés dans leurs interventions par ce type d'appels.

Le masque de l'anonymat, la distance du téléphone incitent les jeunes adolescents à inventer des histoires. Au détour d'une situation imaginée pour l'occasion, ils testent les adultes. Ainsi sur Fil Santé Jeunes, des centaines de jeunes filles se disent-elles enceintes. Leur petite voix et leurs questions naïves trahissent leur âge. L'entretien, bien que très court, leur permet d'évacuer en partie leurs craintes à propos des rapports sexuels et surtout d'exprimer leur ambivalence envers leurs parents.

Souvent, l'histoire imaginée est un moyen de dédramatiser un problème concret, une autre façon de l'appréhender de manière plus acceptable pour l'intéressé.

Les appels sans voix de l'autre côté, avec parfois une respiration, un sanglot sont aussi légion. Ils relèvent d'un rapport au silence qui peut aller de la crainte de parler à l'agressivité d'un jeu pour déranger, en passant par le soulagement éprouvé à entendre une voix.

À l'adolescence se pose avec une urgence vive la question du choix entre dire ou faire. Le choix devra s'opérer entre le recours aux mots ou aux actes, au langage ou à la violence. Une figure de langage condense les deux registres, c'est l'injure. Dans la réalité ou au téléphone, l'injure fait florès. La pauvreté du langage est souvent compensée par une gamme relativement étendue d'injures. Quel régal pour des collégiens de collectionner les mots qui relèvent du sexuel même s'ils sont loin de posséder les savoirs qui s'y attachent !

Pour autant, cette faiblesse lexicale est aussi un des reflets de la panne temporaire de mots à l'adolescence.

La plaisanterie courte faite sur un ton agressif ou insolent soulage d'une tension insupportable. C'est une sorte d'exutoire dans une période d'opposition. Décrocher le téléphone est chez certains très jeunes appelants plus fort que tout. Les auteurs d'appels brefs agissent souvent en groupe. On peut comparer l'acte d'appeler au fait de tirer les sonnettes, petit acte délictueux enchanteur des années passées. Pas vu, pas pris, quel plaisir de se moquer des adultes, d'avoir, l'espace de quelques secondes, le dessus. C'est une manière de laisser déborder l'agitation intérieure pour éviter d'exploser.

Au téléphone tout est possible, même les plus timorés osent.

Une part de vie, une vie à part

Les confidences amicales ou amoureuses du téléphone rappellent les chuchotements plus ou moins interdits de l'enfance, le soir, au lit, dans le noir. L'imagination va bon train dans l'obscurité, les yeux ouverts ou fermés, elle se déploie aussi au téléphone.

Tout est possible

L'auteur américain Armistead Maupin décrit dans son roman *Une voix dans la nuit*[1] l'attachement au fil des jours de son héros pour un jeune garçon séropositif. L'enfant fragile habite loin, sa santé interdit les visites, la relation se tisse par téléphone, de plus en plus intense, précise, jusqu'à produire l'amour paternel sincère du narrateur pour cet enfant écouté, entendu, imaginé et peut-être imaginaire. Dans un film de 1975, *Peur sur la ville*, le cinéaste Henri Verneuil choisit une voix qui dans la nuit menace l'héroïne par

1. Armistead Maupin, *Une voix dans la nuit*, Éditions de l'Olivier, 2001.

téléphone. L'atmosphère angoissante atteint son paroxysme quand sonne le téléphone. *Denise au téléphone*, du réalisateur américain Hal Salwen, film culte des aficionados du téléphone, illustre les décalages conséquents aux rencontres exclusivement téléphoniques. Plusieurs personnages se fréquentent uniquement au téléphone, ils se protègent, se ménagent, font « tout » par téléphone, aseptisant leur corps et leur âme, allant jusqu'au bout de ce qu'offre la relation téléphonique. Illusions, exacerbations des émotions, fantasmes, déceptions. Ces œuvres, imaginaires elles aussi, font ressortir la richesse et la pauvreté de ce qui se joue au téléphone. On peut inventer, tricher, faire comme si... Tout est possible, jusqu'à l'emballement de part et d'autre et parfois jusqu'à la chute. Ces fictions soulignent ce qui supplée tant bien que mal à l'absence du toucher, de l'odorat presque animalement rassurants même s'ils agacent.

La vue est l'élément majeur qui manque ; pourtant l'autre est représenté, reconstitué avec des aménagements qui abrasent la réalité. La communication est intensifiée par la puissance des mots qui prennent une autre valeur au téléphone.

Via le téléphone, on vit, on s'aime, on se le dit

On ose aussi dire son mécontentement, sa colère. À distance, les réactions blessent moins, on peut même choisir de ne pas les entendre et, de toute façon, il ne les voit pas. Si nécessaire il n'y a pas d'écoute de l'interpellé, on ne se préoccupe que de soi, centré sur soi, sur ce qu'on a décidé de dire qui soulage.

On ne parle pas au téléphone comme on parle à

table, au bureau, en classe, au lit, dans un magasin. À l'abri du regard, le ton est vite plus intime, plus proche ou plus froid, plus distrait. Installé dans son environnement, on est ici et ailleurs, là et pas là.

Franck remarque : « Je suis toujours étonné quand j'entends ma fille de 20 ans avoir une conversation professionnelle au téléphone. Son ton est plus dur, elle parle plus fort, articule plus. Elle est coupante, masculine. Quand je l'appelle au bureau, elle a ce ton à la seconde où elle décroche puis, après quelques mots, je la retrouve, pas encore tout à fait adulte, avec plus d'hésitations, voire de petites brisures dans la voix. »

Étonnamment, sa voix à peine entendue renseignera sur l'état de l'interlocuteur familier : « Tu as une drôle de voix... », « Tu as une mauvaise voix, ça ne va pas ? », « Tu as l'air en forme aujourd'hui, tu as une bonne voix ». Sourires et pleurs s'entendent au téléphone, les moindres déraillements de la voix, crispations du ton, gênes de respiration dénoncent l'émotion. La lassitude, les doutes de l'interlocuteur sont perçus par une écoute attentive et pris en compte pour maintenir l'intérêt. Au contraire, enfermé dans son récit, l'émetteur oublie de vérifier si le récepteur est totalement présent.

L'impromptu

Le corps normalise l'échange : avant une rencontre, on se prépare physiquement, il faut se vêtir, se coiffer, pour certaines se maquiller. On s'apprête, on se transforme, on ne se laisse pas aller. Face à l'autre rencontré, on se tient ou se retient. Rendez-vous amical, invitation amoureuse, on fait attention, on échange, on séduit, on passe un moment ensemble en tête à tête ou à plusieurs, en privé ou en public.

Au téléphone, au contraire, il y a rarement prise de rendez-vous. L'un décide d'appeler. Il ou elle a envie de parler. Il ou elle cède à un besoin urgent d'immédiateté, se raconter sans différer, sans trop choisir à qui adresser cette demande d'écoute. Il, ou bien plus souvent elle, souhaite un moment qui l'extrait de la fadeur, du poids ou du manque du présent, lui apporte détente, réconfort, tendresse ou introspection différente d'un monologue intérieur. Il ou elle sélectionne celui avec lequel il va entrer en relation téléphonique. Interlocuteur favori, parent, ami, amant avec qui la parole légère ou grave prend sens.

L'appelant entre chez l'appelé sans prévenir, l'appelé se précipite sur son téléphone ou ronchonne en entendant la sonnerie mais il interrompt son activité. Tout est suspendu, il a sonné, sans réfléchir il faut répondre.

On décroche pour ne pas rater une nouvelle, un événement inopiné, un appel urgent de quelqu'un. Comme par crainte d'allure magique, animiste, de ce qui pourrait surgir et surtout de ce que l'on pourrait apprendre et que l'on ne sait pas encore. Le monde peut-il se transformer entre l'avant et l'après d'un appel, du fait d'une information que l'on n'avait pas jusque-là ? Oui, certainement, et en particulier en ce qui concerne les séparations, les pertes et les deuils. C'est précisément ce que chacun redoute. L'objet portable qui relie en permanence aurait une fonction de réassurance, de lutte contre l'angoisse à renouveler jour après jour.

Il n'y a pas de certitudes pour l'appelant, l'appelé peut être surpris, enjoué, affectueux, dérangé. Il peut même ne pas décrocher ou être déjà en communication avec un ou une autre. De part et d'autre ils ignorent quelle tête a l'absent, comment il est installé. Passées les premières incertitudes, la disponibilité de l'appelé vérifiée, éventuellement, son plaisir à partager un moment ensemble étant affirmé, s'annoncent le temps et le ton si particuliers des conversations intimes au téléphone. Comme absorbé par le téléphone, on s'exclut de son environnement. Les proches s'éloignent ou se sentent vite indiscrets, les enfants s'agitent. Il se passe quelque chose d'insaisissable et d'intime. Prise par ce fil, la voix de celui qui est à côté échappe. Il est isolé dans la bulle de l'espace téléphone, espace virtuel où l'imaginaire peut se déployer tout en étant simultanément englué dans le concret. En regardant d'un œil distrait un devoir de maths, téléphone coincé sur l'épaule, on parle d'amour et d'aventures, on écoute attentivement en cherchant une chaussette, en arrosant une plante.

Le quotidien, le personnel jouxtent l'intime de la relation au téléphone. Deux intimités se superposent. L'intime solitude d'un quotidien impersonnel se vit au même moment que l'intime de la relation à deux. Le trivial des tâches quotidiennes se juxtapose à l'intimité de la confidence.

Le téléphone, objet familier, est plus qu'un simple instrument de communication. Il est un moyen d'évasion, de connaissance, de recherche de soi et des autres.

3.

Écouter, être écouté au téléphone

« La parole est moitié à celui qui parle, moitié à celui qui écoute[1] »

Si les parents s'adressent à leur futur enfant bien avant sa naissance, ils l'écoutent dès son premier cri. La mère en particulier harmonise son écoute avec les phases de son développement. La période adolescente cristallise les difficultés à adapter cette écoute aux besoins nouveaux et déroutants de l'enfant qui grandit.

Les adolescents demandent-ils à être écoutés ou entendus ? L'écoute induit-elle une réponse ? Autant de questions cruciales qui se posent à leur entourage.

L'écoute du maître

La définition du terme « écouter » dans le Petit Robert précise : « s'appliquer à entendre, prêter son

1. Montaigne, *Essais.*

attention à des bruits, des paroles, accueillir avec faveur, jusqu'à apporter son adhésion, sa confiance, entendre, porter son attention vers, prêter attention à, acquiescer, accepter, approuver, consentir. C'est aussi comprendre, admettre, interpréter, connaître ».

Alcibiade écrivait à propos de Socrate : « Quand il nous arrive d'écouter un orateur, fût-ce un orateur de premier ordre, cela ne nous fait que peu d'effet. Au contraire quand c'est toi que l'on entend, ou bien tes paroles rapportées par un autre, celui qui les rapporte fût-il tout à fait un homme de rien, l'auditeur, qu'il soit un homme ou un adolescent, est troublé comme frappé d'un coup, et à proprement parler nous sommes possédés. »

L'écoute soumise à l'admiration, à l'autorité est de moins en moins valorisée, ce dès la sortie de l'école primaire. Les adolescents rejettent ce qu'elle a d'imposé par des savoirs, des valeurs ou des personnes dans lesquelles ils se reconnaissent rarement. En revanche, ils s'initient à l'écoute de leurs congénères, avec des aptitudes variées. Les élèves délégués de classe reçoivent de plus en plus de mini-formations à l'écoute qu'ils suivent avec sérieux. Dans un autre registre, presque tous s'adonnent à l'écoute de tel ou tel personnage idéalisé, pour le pire ou le meilleur. En mûrissant, ils sont, plus souvent qu'on ne l'imagine, attirés par ceux qui animeront des débats existentiels. Les professeurs de philosophie recueillent ainsi l'intérêt soutenu de certains élèves, au risque d'être débordés par leurs attentes. Au moment où les parents ne sont plus considérés comme référents, trouver des adultes qui pallient ce manque, sans pour autant subordonner le jeune, ne peut être que constructif. L'écoute s'entend alors dans les deux sens. Le référent le demeure parce qu'il sait écouter. L'adolescent est finalement très exigeant dans ses choix, et ne se laisse pas duper facilement. Néanmoins, force est de constater que ces personnes font défaut dans un système on ne peut plus individualiste.

L'exemple de l'écoute chez l'adolescent, sommé d'écouter professeurs et parents, se dérobant mais partant à la recherche d'une écoute qui le confirme dans ses nouveaux ressentis, le rassure et le guide dans ces questionnements, est caractéristique.

Sur un bateau, on nomme « écoute » le bout qui permet la manœuvre. En tirant à soi ou en lâchant l'écoute, le navigateur accélère ou ralentit l'allure. Il est au près ou au largue, comme disent les termes marins. Il en est de même pour l'adulte vis-à-vis de l'adolescent. Mais c'est l'adolescent qui tient la barre.

L'écoute au quotidien : indispensable écoute

Écouter serait plus impliquant qu'entendre. Chez l'être écouté ou entendu, les ressentis ne sont pas les mêmes. La musique s'écoute, un cours à l'école s'écoute, les bruits de la rue s'entendent. L'écoute, si souvent qualifiée par les médias d'interactive, ne l'est que si un sujet s'adresse à un autre sujet. Elle devient alors vivante comme le sous-entendent les publicités qui vantent les charmes d'une radio ou d'une télévision interactive qui procurerait l'illusion de ne plus être seul dans son lieu de vie, de participer à une vie sociale.

L'écoute d'une musique, d'une radio qui berce, qui anesthésie, endort ou accompagne des moments heureux se vit-elle dans une totale passivité ? Quelle part de volonté reste activée ? Une quelconque réponse à cette écoute est-elle attendue ? Le désir se révèle partie prenante dans l'écoute.

Louis, 17 ans, raconte : « Quand j'ai du mal à m'endormir, l'esprit envahi par ce que je crains d'avoir oublié en physique, j'écoute la radio. C'est mieux que la télévision, au début mon attention se fixe puis je me détends, je suis bercé, emporté. »

Dans les situations de solitude, a fortiori d'isolement, le manque de paroles, mais surtout le manque d'écoute sont vécus comme difficilement supportables. On peut parler tout seul, mais on ne s'écoute pas seul, même si on peut être à l'écoute de ses propres besoins et ressentis. L'écoute et le toucher font vivre la relation à l'autre, c'est leur présence qui fait défaut dans le manque affectif. Ne dit-on pas de l'écoute qu'elle touche ? Le bébé ne peut se développer harmonieusement s'il n'est pas touché, caressé, parlé et déjà écouté.

« Tu ne m'écoutes pas », « Tu ne m'écoutes plus » sont des plaintes qui signent l'insatisfaction dans une relation, voire sa dégradation. Plaintes de couples, plaintes de parents, plaintes d'adolescents, ces plaintes s'originent souvent dans un réajustement des places de chacun. Ainsi en va-t-il des plaintes des personnes âgées que plus personne n'écoute parce qu'elles ont perdu un statut leur conférant une place reconnue de tous. Les adolescents ont dû, comme leurs aînés, abandonner un état, celui d'enfant. Ils évoluent dans une sorte de zone mal circonscrite en attendant d'accéder au statut d'adulte. On ne sait plus très bien comment s'adresser à eux, ils ne savent plus de quelle place ils parlent.

Dans ces conditions, bien s'écouter entre générations devient un exercice plein d'embûches et néanmoins recommandé. Au cours de la vie, l'acte d'écoute valide l'existence d'une relation, détermine sa et ses qualités. Communiquer revient à éprouver ce qui résiste à une mise en commun. Mesurer jusqu'où le partage est possible, surtout avec un être aimé, c'est réaliser qu'il est illusoire de croire en une compréhension absolue. Pour éviter ce renvoi à une vérité première, l'essentiel de la rencontre peut être court-circuité.

Le leurre de notre monde contemporain est de croire que, comme la technique a bouleversé la limite des objets dans le toujours plus rapide et le toujours immédiatement disponible et consommable, il peut en être de même avec des sujets. C'est la limite de l'humain qui est ainsi posée. À faire semblant de toujours et facilement bien s'entendre dans un ersatz de rencontre, on ne peut éternellement passer outre le besoin de reconnaissance de tout être et le temps nécessaire pour trouver sa propre mesure face à l'autre, à moins de tomber dans le surfait impossible à investir, vide.

L'écoute de l'autre présuppose sa parole. Celui qui écoute n'est ni en attente ni sur ses gardes. Il est prêt à se laisser surprendre voire toucher. Il s'arrête car l'écoute demande une durée, prend son temps. Il faut un peu de ce temps, de part et d'autre, pour entrer dans l'écoute, s'y poser. Ce temps est d'autant plus facile à s'accorder qu'on sait des deux côtés qu'il n'est pas infini. L'écoute se ponctue : assentiments, questions, réponses, et silences. Il ne s'agit ni d'être complice ni d'être curieux ou intrusif. La reconnaissance de l'autre implique de ne pas en faire l'objet de sa connaissance, de ne pas l'utiliser, de renoncer à toute emprise sur lui. Donner une place, c'est faire une place, laisser entrer celui qui cherche, sans s'emparer de ses dires pour fouiller dans sa vie ou pour manifester ses propres résonances et se raconter à son tour. Le « Moi aussi, je... » est l'ennemi de l'écoute. À une déclaration peut succéder un silence. Le silence doit être supportable pour l'écoutant. Il le sera ainsi plus facilement pour l'écouté quelles que soient les raisons pour lesquelles il ne peut ou ne veut plus parler. Une vie intérieure suffisamment organisée et pleine rend acceptable la confrontation à soi qu'impose le silence.

Olivia montre les limites d'une écoute d'adolescente. « J'aime bien écouter mes amies ; quand elles ont un ennui ou un chagrin, elles me racontent et j'essaie de les aider. Cette fois, je me sens dépassée. Une fille que je ne connais pas très bien a commencé à me dire qu'elle en avait marre de tout, qu'elle avait envie de mourir et puis, silence, elle se taisait, plantée à côté de moi. J'ai paniqué, alors je vous appelle. »

Le silence, insupportable, lui a donné l'idée de chercher secours ailleurs. L'écoute trop pesante de celui qui va mal peut entraîner une chute collective. Dans ce cas, l'écoute ne doit être qu'un relais comme dans une course où il faut passer le témoin.

L'écoute s'instaure en lien avec une finalité plus ou moins précisément établie. Écouter dans le cadre de la vie privée ou écouter dans un cadre professionnel impliquent un engagement différent. Mais l'art de l'écoute marque de son empreinte celui qui s'y adonne, il l'enrichit quotidiennement plus qu'il ne lui coûte. Il y a de l'élan dans l'écoute qui va vers l'autre, dans une aventure toujours renouvelée.

L'écoute qui pourrait sembler un don est avant tout une réceptivité.

« Parler est un besoin, écouter est un art[1] »

L'écoute : ce terme courant revêt depuis quelques années une consonance « psy ». S'y associe de plus en plus le concept de relation d'aide comme si l'écoute en soi était un acte thérapeutique, ce qui reste à démontrer ; surtout s'agissant d'une écoute béante, dans laquelle il y aurait risque de se perdre comme absorbé, noyé.

La fonction d'écoute, a priori galvaudée, sous-entend un apprentissage, à moins qu'il ne s'agisse d'un talent ou pourquoi pas d'un don.

L'écoute est devenue une qualité, un outil voire un métier. Même si elle ne se prétend pas soignante, elle peut être soutenante et contenante. L'écoute dynamique, assortie des réponses avancées, produit des effets. L'écouté verbalise sa pensée et ce faisant lui donne corps. Tout n'est d'ailleurs pas bon à être écouté hormis dans le cadre strict de l'analyse. Il pourrait y avoir danger à dire à haute voix certains fantasmes dans une écoute informelle. Bien différente du monologue intérieur, la relation avec un autre être humain, disposé à accueillir sans juger, permet de clarifier ce qui demeurait confus. La mise en mots entraîne un recul, une appréhension différente d'un problème. La reconnaissance, induite par l'attention, participe à la construction d'une meilleure estime de soi. La comparaison avec le rêve raconté,

1. Goethe.

qui prend alors sens, est justifiée. Freud le premier a insisté sur cette faculté de l'inconscient à se découvrir dans la relation à l'autre.

L'écoute médiatisée, survalorisée par les uns, dénigrée par les autres, induit l'idée de bienveillance de l'écoutant à l'égard de l'écouté et de confiance réciproque. Plus que la bienveillance, l'attitude appropriée est, d'une part, une vigilance à l'égard de l'écouté et des réactions qu'il provoque, d'autre part une mise en veilleuse de ces mêmes réactions. Si le discours entendu réveille trop d'éléments personnels et parasite la soi-disant neutralité de l'auditeur qui souhaite néanmoins maintenir sa position d'aide, il doit silencieusement, sans perdre pied dans le remous suscité, se re-stabiliser.

Ainsi l'écoute, quand elle dépasse la convivialité, n'est pas anodine et sous-entend une déontologie, voire une éthique. Elle s'apparente à une liberté intérieure dégagée des systèmes qui verrouillent la pensée. Elle est le fruit d'un cheminement personnel.

Une écoute travaillée, qui confère de l'importance à l'écouté, peut être utilisée à des fins commerciales. Les opérateurs de la téléphonie excellent dans la discipline quand le client envisage de résilier son abonnement ou pour séduire les plus jeunes. Plus dramatiquement, les sectes pour appâter des individus en mal de vivre abusent dans un premier temps des effets de l'écoute.

L'écoute machinale proposée par des prestataires de service peu convaincus et peu convaincants ne mérite pas cette appellation.

Plus largement, l'écoute s'entoure d'un parfum mystique face aux interrogations humaines sur le sens de la vie et de la mort. Mais il ne s'agit pas de s'aventurer sur cette pente glissante avec des adolescents qui ont plus besoin de repères et d'ébauches de réponses à leurs questionnements.

Si l'écoute met en jeu un sens, l'ouïe, elle fait taire le corps. Celui qui écoute ne s'agite pas, son corps et sa pensée doivent être apaisés, ouverts, disposés à accueillir la parole de l'autre. Les postures corporelles manifestent cette ouverture et cette attention. Concentrés sur l'écoute, d'aucuns ferment les yeux, allant jusqu'à la sacraliser. La parole, émise pour être écoutée, n'est ni un sens ni un bout de corps. Elle sort du corps et s'adresse à celui qu'elle a désigné, en cela elle est dynamique. Dans cet échange se tissent une recherche et une construction commune de sens. Le vecteur de l'échange est la voix, insaisissable, hors le corps et pourtant issue de différents niveaux aisément repérables.

La spécificité de l'écoute par téléphone, qu'il s'agisse d'une écoute professionnelle, familiale, amicale ou amoureuse, réside dans ce « sans corps » qui est aussi sans regard.

La voix

Un détour par la voix est indispensable pour repérer ce qui se joue dans l'écoute. La voix est une composante active dans la qualité d'une relation de bouche à oreille.

La voix est le support de ce que l'on écoute et de ce que l'on donne à écouter. Dans les conversations courantes, dans les diverses circonstances du quotidien ou dans le cadre professionnel, la voix véhicule la parole.

Peu d'adultes aiment leur voix : s'ils écoutent leur voix enregistrée, elle les surprend et les déçoit. Dans le temps où l'adolescent change sa relation à tout ce qui l'entoure, sa voix mue, devient autre, ce qui ne se fait pas sans renoncement. Il est d'autant plus dérouté par l'audition de cette voix qu'il ne s'est pas encore appropriée.

La voix qui vient du corps est hors le corps. La voix au téléphone, seule incarnation du corps, projetée dans les fils et les ondes, revêt des caractères et des effets exacerbés.

Les origines de la voix

Chaque être humain possède des qualités de voix spécifiques, qui lui sont singulières et uniques. Pourtant la voix est avant tout imitation de la voix, identification à la voix de l'autre.

La voix est d'abord un souffle, un passage d'air qui va rendre audible une sonorité émanant d'un être humain. Après une première inspiration qui déploie ses poumons, le nouveau-né annonce sa venue au monde par un cri qui déchire le silence feutré de l'environnement amniotique.

Après ce cri originel de l'ouverture à la vie, la voix comporte avant tout une dimension d'appel et d'échange avec l'Autre primordial qu'est la mère. La voix est tout d'abord cri, expression informe et sans support et surtout sans direction ni adresse, puis elle devient vectorisée. Dans un tout premier temps, le bébé est happé par la voix de la mère, dans une tentative de se l'approprier, de l'expirer pour ensuite la souffler hors de lui. La voix s'incarne, se fait corps, est prise dans le corps, pas le corps du besoin mais celui du désir. L'appel de la voix trouve une direction. Le petit d'homme émet des vocalises qu'il destine à celle qui lui prodigue les soins. Dès lors cette pulsion invocante[1] comporte une adresse. Qu'il y ait réponse ou non, il y a recherche d'une adresse.

Le miroir vocal peut ainsi se mettre en place ; les échanges infra verbaux comme les vocalises, les gazouillis, les lallations vont être déterminants dans plusieurs registres : le timbre et la tessiture vocale, la façon singulière de se situer en tant que sujet à l'égard de l'objet voix, la manière dont la voix est nouée au corps propre et au corps de l'autre. Le bébé détourne la tête si sa mère lui parle d'une voix monocorde qu'on pourrait qualifier de sans âme.

Le père, avec sa voix grave, apporte une note spécifique et essentielle dans l'environnement vocal du bébé. Sa voix vient faire irruption dans son univers, comme en écho de la coupure symbolique du tiers paternel. C'est avec cette même voix qu'un peu plus tard il se fait entendre : grosse voix, plus autoritaire mais aussi plus enveloppante.

Les différents registres de la voix sont, au même titre que le regard, l'effet de processus d'identifications inconscients, sorte de trait que le sujet vient prendre sur l'Autre. Qui n'a remarqué que la voix d'un fils ressemble à celle du père et celle de la fille à la voix de la mère ? C'est d'ailleurs par le biais du

1. Pulsion invocante : du latin *invocare*, elle signifie la poussée qui fait que l'enfant appelle l'autre par la voix. Il donne de la voix. La mère lui répond par la voix et par ses gestes.

téléphone que, l'espace d'un instant, la confusion entre les deux générations se produit. L'ouïe seule étant en action, la similitude est alors frappante. La voix au téléphone est le seul représentant de l'identité de l'interlocuteur. D'ailleurs, au téléphone, il est d'usage de demander si c'est bien la personne à qui l'on souhaite parler qui est au bout du fil. Ensuite on se nomme. Après ces marques de reconnaissance, la conversation peut commencer. Si ce sont des familiers, il suffit de dire « c'est moi » pour que l'autre reconnaisse sa voix, son identité vocale.

La voix participe à la constitution du sujet. La voix vient s'inscrire sur le corps comme l'image s'inscrit dans les représentations. Cette indication est précieuse pour explorer la dimension et l'impact de la voix chez l'humain qui semble d'évidence mais sur laquelle peu d'interrogations conscientes sont mises en avant.

La voix, support matériel de la parole

Le mot voix vient du latin *vox, vocis* : voix, son de la voix et accent. La voix désigne d'abord l'ensemble des émissions du larynx humain puis, par extension, le support physique du langage, la manière dont il est employé.

Il existe toute une gamme d'expressions utilisées avec la voix : « donner de la voix », dans l'art lyrique, « forcer la voix », « être en voix », « être sans voix », attesté, dès le XIIe siècle, précise Alain Rey[1].

1. A. Rey, *Dictionnaire historique des mots de la langue française*, Le Robert, 1997.

« Être à portée de voix » indique en soi que la voix se veut chemin, lien. En cela, elle constitue d'emblée un premier espace sécurisant qui relie la mère à l'enfant.

Traditionnellement, c'est la voix du majeur qui autorise à prendre la parole. Il faut être adulte pour avoir « voix au chapitre ».

Aristote, dans *De anima*, définit la voix humaine comme « bruit signifiant ». Il précise que « tout bruit émis par l'animal n'est pas voix (on peut produire un bruit avec la langue ou en toussant) : il est nécessaire que celui qui fait vibrer l'air soit animé et ait une imagination ; car la voix est un bruit qui signifie et non pas seulement souffle d'air ». Cette assertion aurait pu être écrite par un psychanalyste, tant elle met l'accent sur l'essentiel : la voix est inséparable de son contenu sémantique, des mots qu'elle profère. Quand, par contrainte, elle se trouve dissociée de son contenu, elle invalide le discours. La déclaration d'amour à l'aimée éloignée, dictée par Yves Montand, dans le sketch du télégramme, à une invisible postière est, à ce titre, exemplaire. Ses vibrants « Je t'aime », répétés d'une voix mécanique par la standardiste qui épelle, trois fois de suite sans émotion aucune J.E. T'.A.I.M.E., perdent toute leur poésie.

La voix peut dire plus que les mots. N'est-elle pas parfois accusée de trahir ?

La clinique enseigne que ses différentes intonations, tessitures, modulations et variations de tous ordres lui adjoignent une importance infra-signifiante à ne pas négliger. La dépression ou la mélancolie installe la voix dans l'océan de silence qui caractérise la maladie. Cette voix triste, atone et lancinante cherche à accrocher l'attention, inquiète et finit par créer le vide autour du déprimé.

La voix soutient la relation. Une parole investie, habitée se reflète dans la voix. Dès les débuts de l'audition, à travers les berceuses, la voix apaise, rassure, conforte, réconforte. Plus tard, elle agace, irrite, agresse, fait peur ou encore fait rire et pleurer.

La voix identifie, définit. La voix des enfants se reconnaît car nasonnée, aiguë, avec un phrasé caractéristique. La voix des adolescents traduit leur maturation tant physique que psychique.

La voix se pare de tous les qualificatifs : voix douce, joyeuse, fatiguée, geignarde, mielleuse, tonitruante, décidée, éraillée, rauque, haut perchée, fausse. En fermant les yeux, l'écoute d'une voix livre l'essentiel d'une personne. La chanteuse Barbara disait : « La voix est la musique de l'âme. » Au téléphone, plus encore que dans un échange de visu, toutes les tonalités s'entendent, de la mise à distance, la froideur jusqu'à l'extrême proximité. Un bonjour trop enjoué, un lamento trop prolongé sont instantanément dérangeants. Un chevrotement, un déraillement laissent présager une faille et peuvent provoquer une émotion.

Si la voix peut s'écouter sans se voir, sa représentation sonore, sorte de voix « off », de voix du rêve est mystérieuse. Elle vient de l'intérieur, mais ne s'entend pas à l'intérieur. Entendue de l'extérieur, elle soutient, voire déclenche l'imaginaire.

La voix porte le mystérieux, l'imprévisible du moi, du soi vers l'autre. On dit que la voix caresse, blesse.

La voix à travers les âges

Dans la mue, la gravité et le changement de timbre pris progressivement par la voix du garçon au cours de la puberté viennent perturber la façon dont il se perçoit et dont il est perçu.

La mue annonce une mutation. L'adolescent s'essaie à trouver un registre vocal où sa voix se pose et où il doit se resituer en tant que sujet. Comment devenir sujet avec une voix comme celle-là ? La gravité de la voix, dans tous les sens du terme, le pousse à être du côté du masculin, apte à la jouissance et aux rapports sexuels.

Marin Marais[1] composait avec l'idée fixe d'imiter aussi fidèlement que possible la voix d'avant la mue des adolescents, sans doute la sienne. Il jouait sur sa viole de gambe, refaçonnée à plusieurs reprises en lui rajoutant des cordes. Cette fixation lui a servi de support pour créer une œuvre magnifique.

Le haute-contre anglais Alfred Deller est un exemple exceptionnel du contrôle de la voix. Sa voix chantée d'adulte se situait dans le registre aigu du ténor. Il racontait qu'il avait été capable pendant son adolescence de chanter d'une voix de soprano, la plus élevée des voix, en gardant sa voix d'enfant malgré la mue. Il réussit à faire progressivement migrer sa voix de tête vers le diaphragme pour la lier avec une voix de corps. La surprise était vive lorsqu'on l'entendait

1. Compositeur français de musique baroque du XVIe siècle, connu du grand public grâce au film *Tous les matins du monde.* Il fut compositeur et grand interprète de la viole de gambe, ancêtre du violoncelle.

parler d'une voix de baryton, une voix grave, profonde et chaude.

Alors que les transformations de la voix chez la fille sont peu nettes – au cours de l'adolescence, la voix de la fillette se transforme en voix de jeune fille puis de jeune femme –, la façon de parler du garçon fluctue entre la voix usuelle et la voix haute. Cela lui évite de se positionner dans une symbolique phallique à l'égard de l'autre. Maintenir sa voix d'avant la mue lui permet de garder un statut d'enfant qui n'est pas sexuellement mature. Faire entendre sa voix grave implique une virilité récemment acquise, presque effrayante. Face à sa mère, il éprouve une crainte imaginaire de castration.

Ferenczi, parmi les premiers, a tiré de sa pratique clinique[1] des exemples où la dissociation de la voix illustre l'impossibilité parfois transitoire de la maintenir dans sa tonalité grave. Cela risque de soumettre le garçon à la castration maternelle.

Quand un rendez-vous est pris chez un thérapeute ou un analyste, le premier contact est avec la voix, sans visage. Lors de la première rencontre, on veut retrouver la voix qui avait accueilli ce premier appel, c'est déjà un point de repère.

En psychothérapie, la voix de l'analyste est parfois adulée, à la limite d'être fétichisée. Certains appellent, lors de moments difficiles, le répondeur du thérapeute pour se sentir apaisés par sa voix.

Pris dans les rets de la demande, l'analysant réclame que l'analyste donne de la voix. La reconnais-

1. Ferenczi S., « Trouble psychogène de la phonation », in *Œuvres complètes*, 2, *op. cit.*

sance vocale, au sens propre du terme, relie le patient à son analyste. La voix de l'analyste marque la reconnaissance de son existence et indique que son message a été entendu. La présence de cette voix dans le transfert est requise au-delà des interprétations qui pourraient être proférées. Les mots ont parfois une importance secondaire, c'est la musicalité de la voix qui rassure, comme celle de la mère rassure le bébé. Les mélopées, rubans vocaux de sons et de mélodies, sont d'ailleurs sans paroles. Quand, dans ce contexte particulier, l'analyste énonce des paroles, c'est la musique des mots qui est interrogée autant que les signifiants ou les significations.

Plus banalement, nombreux sont ceux qu'apaise une voix familière. Cela évoque la période de la première enfance des lallations. Dans une chanson qui a fait le tour du monde : *Strangers in the night*, Franck Sinatra chante deux êtres esseulés qui tombent amoureux au premier regard (« *lovers at first sight* »). Ce coup de foudre renverrait les sujets énamourés à un moment de leur toute petite enfance. En effet, la chanson se termine par une série de lallations qui ont été comprises dans toutes les langues : « *doo be doo be doo, di da di da, da da dadada...* »

Le succès des voix de la nuit, à la radio, est en partie dû à leur pouvoir évocateur et suggestif. La voix des animateurs enflamme l'imaginaire, tente de combler la solitude. Quel que soit le thème abordé, au féminin, les intonations se font chaudes, charmantes, enjôleuses. La réalité physique importe peu, c'est la personne imaginée qui fait fantasmer. L'impact d'une voix masculine est moins sensible, encore qu'animateur et journaliste jouent d'une voix grave, chaleureuse, rassurante, parfois même paternelle. Les voix teintées de l'accent du terroir sont réservées aux rubriques culinaires ou touristiques du début de journée.

Néanmoins la voix, support de ce qui se dit, est aussi porteuse de sens.

La voix en dit long...

Hauteur, intensité, timbre, intonation, vibration, rythme, respiration, souffle, les différentes caractéristiques de la voix lui donnent sa singularité, sa note personnelle. Toujours singulière, elle est reconnaissable entre toutes, que ce soit dans la vie courante ou au téléphone.

La technologie confirme, par l'analyse des fréquences et de bien d'autres paramètres techniques, l'absolue particularité de chaque voix humaine. Des adaptations variées sont apparues : systèmes d'accès sécurisés, l'ouverture d'une porte, la mise en marche d'un véhicule sont commandées par des voix présélectionnées.

La tessiture de la voix qui chante, le feutré de la voix après des heures de silence, après un temps de sommeil, donnent des colorations spécifiques à la voix, lui confèrent un charme particulier.

Le timbre de la voix varie, elle change de registre dès qu'une émotion affleure dans le discours. La voix vibre, tremble, se casse. Elle chuchote des mots tendres. Elle trahit le chagrin, la peur, la colère, l'angoisse.

Au téléphone, une oreille exercée repère dans la voix d'un proche son humeur : « Tu as une drôle de voix aujourd'hui ! », « Qu'est-ce qui se passe ? Tu as une voix spéciale, je ne te reconnais pas ». La voix du mensonge ou de la trahison peut aussi se détecter. Ce sont souvent les femmes qui disent aux enfants : « Ta voix te trahit, tu es sûr de me dire la vérité ? » L'amoureux inquiété par la désinvolture du ton d'un « Je t'aime » doute de son authenticité.

Toutes ces occurrences se révèlent encore plus facilement par le canal du téléphone. En un mot, la voix crée un espace émotionnel. Elle symbolise ce qui a été vécu ensemble ou ce qui va l'être. Elle est aussi un indicateur de l'appartenance socioculturelle. Même sans connaître l'interlocuteur, une voix vulgaire, précieuse, snob, avec un accent situe à tort ou à raison celui qui parle.

Quand le rougissement qui traduit l'intériorité de l'émotion n'est pas présent, son équivalent émotionnel l'est dans les différentes caractéristiques de la voix déjà énumérées.

Masquer sa voix n'est pas chose simple, en changer est aussi difficile que de changer de visage.

La voix qui donne libre cours à l'intensité de la colère est partie prenante de cet engagement émotionnel, même si elle ne peut la porter que dans un temps limité. L'insulte, elle aussi, résiste mal à la durée. Elle appelle une escalade ou une réciproque. Au téléphone, ce type d'échange s'interrompt en raccrochant.

La voix peut rester à l'intérieur de soi. Les enfants apprennent à reconnaître « la petite voix » qui leur parle et qui revient en force à l'adolescence. Dans la pathologie mentale grave, les hallucinations sont des voix perçues comme surgissant de l'extérieur pour envahir tout le psychisme du sujet. La folie est bien d'entendre des voix irréelles, produites de l'intérieur du sujet : « Il entend des voix... »

Il est encore beaucoup d'autres sortes de voix. La voix des malades tournée vers l'intérieur, emplie de souffrance contenue, de plaintes voilées. La voix « neutre » des haut-parleurs chargée d'informer comme celle des aéroports ou des gares. La voix commerciale, incitative, suave et attisant le désir d'acheter. La voix érotisée discrètement allusive qui suscite le désir de l'autre. La voix d'un jeu de séduction, jeu d'approche ou de parade amoureuse.

Par l'ensemble de ses diversités et de ses modulations, la voix énonce un au-delà des mots dans la communication usuelle ou téléphonique. La voix de l'autre sait, reconnaît, répond, soutient, se détache, encourage. Parfois il existe une volonté de ne pas manifester cette compréhension. L'émetteur perçoit alors que le message n'a pas été reçu.

La voix, trouver le bon ton

À propos des paroles, Montesquieu, dans *L'Esprit des lois*, écrit : « La plupart du temps elles ne signifient pas par elles-mêmes, mais par le ton dont on les dit. »

Dès la naissance, la voix vient du corps, le bébé donne de la voix avec son premier cri. Arrive ensuite une étape de construction psychique préalable et obligatoire avant qu'une parole soit émise. L'enfant qui grandit parle, écoute, évoluant confortablement dans l'environnement sonore familial. Devenu adolescent, il attend de façon ambivalente la présence rassurante d'une voix. Dès qu'il a l'impression que l'on s'occupe trop de lui, cette voix le met sur la défensive, elle devient envahissante. L'adolescent a, par moments, besoin d'un rapproché, favorisé de part et d'autre par un ton de voix engageant. L'instant d'après, il perçoit une remarque faite sur ce même ton comme particulièrement intrusive. Chaque échange avec lui impose de régler non seulement le curseur de la distance affective mais aussi celui de la tonalité vocale. Un bon moment passé avec un adolescent se résume souvent à une conversation agréable, voix posée, ton aimable. En quelques secondes tout peut basculer, virer à la dispute, avec ses voix agressives, dès qu'il perçoit qu'il fait plaisir à ses parents. Il redoute une trop grande perméabilité à leurs désirs. La voix est à moduler en tenant compte de la vivacité de ses réactions. Elle devient un indicateur précieux de l'attitude à adopter : interrompre la conversation ou la poursuivre dans un autre registre.

L'interlocuteur dans la vie courante, et encore plus au téléphone, pour trouver le juste ton et la bonne distance, doit faire preuve d'une plasticité et d'une faculté d'adaptation suffisamment bonnes. Il veille à n'être ni trop proche ni trop lointain.

Au téléphone

Le téléphone, de manière plus ou moins illusoire, se défie des impératifs de la distance mais aussi du temps. C'est sans délai qu'on peut entendre l'autre au loin. Le fil transmet la voix du voisin de quartier comme celle de l'aimé au bout du monde. Sa voix est instantanément présente pour pallier le manque.

Pour autant l'absence, la détresse, la souffrance ne disparaissent pas, mais l'insupportable se trouve différé. Quand l'urgence à dire devient prégnante, un sentiment d'insécurité se développe ; être écouté au téléphone calme le malaise.

Cette abolition est aussi trompeuse. La parole au creux de l'oreille, au plus intime de la personne, amène bonnes mais aussi mauvaises nouvelles. Elle peut être percutante. Elle peut faire mal. Les mots de la dispute, de la rupture sont sans appel au téléphone ; plus faciles à proférer pour l'émetteur, ils prennent au dépourvu celui qui les écoute.

L'immédiateté du téléphone est pratique pour obtenir une information. Elle donne aussi la possibilité d'échapper dès qu'on le veut au contrôle de l'autre en raccrochant.

Le près et le loin

Au téléphone, ce près et ce loin s'amplifient et il est parfois très délicat de trouver la bonne distance de relation à l'autre. Entrer en contact ne signifie pas toujours être dans la relation. On peut ne pas se sentir reconnu alors même qu'il y a des paroles échangées.

Celui qui reçoit l'appel est comme sommé de répondre mais il ne peut être contraint à écouter. À l'inverse, il peut accepter de se laisser aller, d'être envahi ou de se risquer à être envahi. Il garde une marge de contrôle, mais l'ambiance de l'appel se met en place rapidement. Les mots sont différents selon l'intentionnalité de la rencontre, ils induisent une éventuelle prise de pouvoir.

Certains adolescents, peu diserts à la maison, se précipitent sur le téléphone, à un moment pas toujours opportun pour un de leurs parents, et sollicitent de leur part une écoute attentive et attentionnée. Les mêmes supportent mal d'être dérangés par l'intrusion parentale au téléphone.

Tout rapprochement physique ou psychique par rapport à un adolescent est source de passages à l'acte. Le « On est copain, on peut faire copain », la tentative d'une relation d'allure symétrique entre un adolescent et un professionnel, qu'il soit éducateur, infirmier, psychologue ou psychiatre, sont en ce sens insupportables, en ce qu'ils viennent réactiver un risque d'intrusion. Du point de vue fantasmatique, de telles attitudes produisent des passages à l'acte, en particulier s'il s'agit de fantasmes érotiques. Ainsi, l'homophilie, à distinguer de l'homosexualité, contrairement à ce qui est souvent dit, est un rapprochement. Ce fantasme de la pénétration est présent aussi bien chez les garçons que chez les filles : l'approche de l'autre, de l'autre quel qu'il soit, suffit à allumer des petits signaux d'alarme et à susciter des mécanismes de défense qui concourent à l'irruption du passage à l'acte.

En condensant, on pourrait soutenir que si on est trop proche d'un adolescent, il y a risque de passages à l'acte hétéro-agressifs et, si on est trop loin, il y a risque de passages à l'acte auto-agressifs de toutes sortes, scarifications, brûlures de cigarettes, jusqu'aux tentatives de suicide. L'adolescent repousse et appelle.

La question du près et du loin est fondamentale pour lui. En cela, c'est à la fois un besoin et un risque que d'être écouté. Toute distance trop importante à l'égard d'un adolescent peut être l'occasion pour lui de ressentir un sentiment de lâchage, d'abandon. Il est alors renvoyé à cette détresse première et absolue du manque et du désir, que rencontre l'être humain au seuil de son entrée dans le monde.

Cette importance de la distance est illustrée par la métaphore de Schopenhauer reprise par Freud : celle des porcs-épics en hiver. Ceux-ci, comme les autres animaux en cette saison, ont froid. Alors, ils se rapprochent les uns des autres pour avoir un petit peu plus chaud, pour profiter de la chaleur du corps de l'autre. Au bout d'un moment, ils se rapprochent tellement qu'ils se piquent. Ils ont mal quand ils sont trop près. Comme ils se piquent et qu'ils ont mal, ils s'écartent mais du coup ils ont froid. Ça peut continuer jusqu'à ce qu'ils arrivent enfin à trouver la juste distance entre le pas trop froid et le pas trop piquant, à l'instar de la mère suffisamment bonne : juste assez mais pas trop.

Le paradoxe souvent souligné – du près du creux de l'oreille et du loin de l'interlocuteur – rend compte de bien des aspects particuliers de l'écoute au téléphone. En effet, à qui parle-t-on dans le creux de l'oreille, quand ce n'est pas au téléphone ? Quand la maman ou le papa glisse des mots gentils ou des mots d'amour directement à l'oreille de leur bébé ou de leur enfant ; ou quand des amoureux adolescents, ou adultes, se parlent d'amour, se disent des choses tendres. Hormis ces circonstances de rapproché corporel et d'intimité, seul le téléphone autorise cette proximité, à un détail près. Il n'y a pas l'odeur des corps, le souffle de l'autre sur la peau, voire son goût si le mot s'accompagne d'un baiser. Au téléphone, pas d'odeur ni de goût mais le murmure du souffle de l'autre, de sa respiration qui arrive avec sa voix directement au creux de l'oreille.

Quand la voix agresse, le téléphone est écarté du corps. Il est des circonstances où le téléphone se pose et la voix résonne dans le haut-parleur. Le dialogue perd alors toute intimité et peu nombreux sont ceux qui apprécient l'utilisation du haut-parleur. Il casse l'impression de bulle protectrice. À l'inverse, les casques augmentent cette impression. Toutes les coordonnées transmises par le fil, le bruit des mouvements du corps et ceux de l'environnement sont sensibles, jusqu'à l'insupportable pour certains.

Pratique et discret, le téléphone invite à l'écoute ; écoute parfois moquée quand elle se ponctue de « Oui...oui... bien sûr », écoute différente entre adolescents. Le plus souvent ils vivent en groupe et s'adonnent peu à une écoute individuelle. Le téléphone dont ils usent et abusent se prête mieux à l'exercice.

L'écoute se résume alors à une écoute de leur réalité en sorte de se la confirmer. Ils viennent de se quitter et vérifient qu'ils ont vécu les mêmes événements ou au contraire ils s'expliquent ce qui fonde leurs différences. Ils disent peu de chose de leurs attitudes quand ces échanges deviennent intimes. Ils sont peu observés puisqu'ils s'enferment avec leur téléphone et laissent les adultes à la porte. L'écoute entre pairs garde de ce fait bonne part de son mystère.

Par le biais du téléphone, l'écoute à distance, décorporéisée, rendue possible au prix de l'absence du corps dont seule la voix incarne la personne, propose une proximité immédiate, comme dénuée de risques.

L'écoute en confiance

L'interlocuteur qui écoute « bien » est au plus près de la parole de l'autre, attentif, en attente d'un signe ou d'un message. Il écoute à plusieurs niveaux. Tout d'abord et d'évidence à celui du discours manifeste où l'écouté se dévoile par ses interrogations directes. De multiples développements peuvent se faire à partir de ce premier niveau d'écoute, qui parfois se réduit à un échange d'informations. Ce premier degré demeure essentiel et existe dans tous les types d'échange inter-humains.

Pour « agir » plus, l'écoute se complexifie, demande un investissement plus fort. Elle dépasse la convivialité, incite à se mobiliser, à retrouver le chemin qui permet de se dégager d'une impasse psychique.

Ainsi l'écoute empathique, inspirée d'une théorie de Carl Rogers [1], est utilisée par de nombreux bénévoles qui écoutent la détresse des appelants au téléphone. L'écoute de SOS Amitié par exemple se réclame de ce courant de pensée. L'écoutant, outre sa bienveillance, entoure et rassure l'appelant, il est vigilant à ne pas être directif. Il s'emploie à accueillir le problème évoqué et à le percevoir du point de vue de l'autre. Il partage pour un moment l'expérience de l'autre, supporte avec lui le poids d'une détresse qui se trouve ainsi allégée. Cette écoute accompagne un moment, dans une traversée douloureuse. Elle soulage, mais comporte ses limites, elle ne soigne pas.

Chacun est libre, dans une pratique courante de

1. *Le Développement de la personne*, Paris, Dunod, 1986.

l'écoute, de prendre en compte ce qui dans le discours n'est pas énoncé, à savoir les nombreux éléments qui enveloppent le message émis par exemple, les caractères de la voix, les messages adressés par l'environnement immédiat. Ces éléments infraverbaux concourent à la compréhension de ce qui ne se dit pas et viennent parfois en contradiction du message verbal émis. Soit celui qui entend les contradictions reprend les messages et en tient compte dans la relance de la conversation, soit il les relève plus ou moins consciemment, mais décide de les garder pour lui.

Un adolescent relate son rapport difficile à ses parents, en particulier à sa mère. Après un premier temps de plaintes, il parle de sa vie et de ses goûts. Il les décrit alors en employant les mêmes termes que ceux avec lesquels il avait décrit les goûts de sa mère. Cette contradiction ne lui est pas renvoyée. Il se met ensuite à parler de planche à voile et insiste particulièrement sur le mot « mer ». Il fait part de sa tristesse et du goût « amer » des choses. Là encore, l'insistance des homophonies de « mère » dans son discours ne lui est pas soulignée, par choix. Beaucoup d'éléments de son discours sont liés à cette mère apparemment haïe et en fait tant aimée ; pour autant la remarque reste tue.

Celui qui écoute peut « entendre ailleurs » ce qui est dit. Il note, par exemple, quelque chose et son contraire énoncés dans le même temps, à l'insu de celui qui parle. Cette écoute, décalée, distanciée, permet non pas d'entendre au pied de la lettre tout ce qui est dit mais d'entendre dans les mots ou au travers des mots, sans oublier qu'ils n'ont pas pour tous la même signification. Le récit d'actes manqués ou, plus rarement, d'une bribe d'un rêve inquiétant sont compris au-delà de ce qui est dit. Ce qui n'est pas clairement formulé peut être entendu au mieux. Tel est le cas des lapsus.

Cette écoute au-delà des mots, souvent pratiquée par les professionnels, bénévoles ou salariés des services d'aide par téléphone, a des traits communs avec une écoute psychothérapeutique ou psychanalytique. Il est toutefois nécessaire d'opérer des distinctions entre ces deux types d'écoute.

La psychothérapie travaille à long terme, sur la reprise de l'histoire singulière du patient qui l'amène à projeter sur la personne du thérapeute ou de l'analyste un certain nombre de motions affectives. Aussi parle-t-on de transfert.

L'écoute dans la relation d'aide du téléphone est une écoute ponctuelle de l'immédiateté, qui se fait sans la présence réelle de l'autre, ce qui modifie considérablement toutes les données. Pas d'avant, pas d'après, ni suite ni suivi, il ne devient plus possible d'interpréter ou d'utiliser les quelques éléments de l'histoire qui ont pu être livrés dans une autre séance, dans un ailleurs que le moment présent. Et pourtant, après avoir été entendu dans l'instant, celui qui l'a été ne peut pas faire comme si cet acte n'avait pas été posé. Pour l'adolescent en particulier, ce temps court et isolé de l'entretien téléphonique présente l'intérêt de pouvoir découvrir la formulation de sa propre demande.

Il est nécessaire de préciser ici qu'il n'est pas possible de pratiquer une psychothérapie au téléphone. L'expérience montre la nature intime de la relation qui s'y instaure très vite. Cependant cela n'autorise pas pour autant un quelconque maniement du transfert, quand celui-ci est repérable au téléphone. En clair, avec les adolescents ou les adultes, pas de psychothérapie dans ce cadre, comme certaines officines à but lucratif voudraient le faire croire.

Les adolescents ne souhaitent ni être devinés, ni être trop bien compris par les adultes, et surtout pas par leurs parents. Cependant ils cherchent d'une part à être confirmés dans leur récent statut d'adolescent, futur jeune adulte, par leurs aînés ; d'autre part, ils ont besoin d'être guidés pour accéder aux privilèges de l'autonomie. De multiples questions se posent à eux, des obstacles d'importance diverse sont à franchir. Tout n'est pas facile à dire. Selon le type d'écoute qui va être proposé, ils vont pouvoir déployer leur discours et apporter leurs interrogations. L'entretien par téléphone, dans l'anonymat, offre des possibilités d'aide par des tiers inconnus, mais reconnus compétents.

Les expériences partagées de plusieurs années d'écoute au téléphone permettent de repérer les enjeux d'une pratique récente quand elle s'adresse spécifiquement aux adolescents. L'écoute qui invite à la reconnaissance et à la confiance revêt des qualités qui donnent à l'échange les caractéristiques d'un transfert. Sur la base d'un tel constat, il est alors pertinent de parler de téléphonie clinique.

Clinique est issu du latin *clinicus*, « médecine exercée auprès du lit du malade... ». Le mot latin est calqué sur le mot grec *klinicos*, « qui concerne le lit », substantivé au masculin pour désigner le médecin au bord du lit et au féminin pour parler de la médecine qui s'effectue au chevet du malade. *Klinicos* est dérivé de *kliné*, « lit » lui-même dérivé de *klinein*, « pencher, incliner ». Le terme de clinique induit donc à la fois le lit et l'acte de se pencher sur le malade. Ce sens s'est étendu à la médecine puis, progressivement, à la psychologie. Il convient de l'employer dans le sens d'un examen physique en médecine (auscultation, palpation du corps) qui comporte un échange verbal donnant des repères. L'exploration n'est que verbale en psychologie. Le sens extensif donné au terme de clinique accolé à téléphonie est dû au fait que c'est l'écoute qui est privilégiée même si l'interlocuteur n'est pas physiquement présent.

Ce terme de téléphonie clinique est avancé comme conséquence du type de travail réalisé par les professionnels formés à l'écoute des adolescents. Il est possible, bien entendu, de l'étendre à d'autres pratiques d'écoute au téléphone.

4.

La généralisation du recours au téléphone

Un problème ? Appelez

Avant même qu'il se démocratise en tant qu'équipement banal dans chaque foyer, le téléphone a été perçu comme un moyen d'aide. Au-delà de l'utilitaire, il a été associé à l'appel à l'aide. « Help line » et « SOS » lui ont été très tôt adjoints.

Dans cet esprit, en France, en 1995, un service téléphonique a été spécialement ouvert pour les adolescents. Sa massive fréquentation par la tranche d'âge concernée, sans cesse renouvelée, rend compte des préoccupations des jeunes. Réputés se livrer difficilement, ne prendre soin ni d'eux ni des autres, ils infirment en partie ces constats. En se dévoilant, ils montrent la richesse de cette courte période de la vie. Si, comme le mentionne la psychanalyste Annie Birraux, « la puberté est un véritable traumatisme psychique[1] », elle s'accompagne de moments de souffrance refoulée. S'expliquerait ainsi l'oubli de cette

1. *L'Adolescent et son corps*, Paris, Païdos, 1991.

phase déterminante du développement humain à l'âge adulte et l'incompréhension des parents face à l'enfant devenu adolescent.

L'histoire, le fonctionnement et l'analyse de la relation d'aide par téléphone offrent un éclairage original sur la complexité des attentes de populations diverses et en particulier celles des parents d'adolescents et des adolescents.

« Si vous avez envie de vous suicider, appelez Man 90 »

En 1953, à Londres, un prêtre anglican, Chad Varah, lance cette injonction. La popularité du service qui réunit les Samaritans, mouvement de bénévoles, contribue ainsi à la naissance de ce que le sociologue Michel Chauvière a appelé en 1981 la téléphonie sociale. Aux origines de celle-ci, s'impose d'emblée un cadre : « Avant d'agir, parlez, téléphonez. » Cette téléphonie qualifiée d'humanitaire dans les dernières années du XXe siècle devient une téléphonie clinique. Dès 1905, soit vingt-neuf années après son invention, le recours au téléphone comme secours à une détresse psychologique était déjà imaginé à New York et à Los Angeles.

En 1957, les Samaritans publient *God gave me a telephone* (Dieu m'a donné un téléphone). À travers l'Europe s'ouvrent des permanences téléphoniques d'inspirations religieuses diverses, dédiées à la prévention du suicide. Disponibles au bout du fil, des bénévoles écoutent, soutiennent, essaient de redonner un peu d'espoir et de sens à la vie de ceux qui exposent leur mal de vivre et leurs souffrances. Il s'agit au nom d'une solidarité humaine d'assumer la responsabilité d'aider son prochain en détresse. Alors qu'en France seulement 9 % de la population possède un téléphone, quelques volontaires mettent en place « SOS Amitié ». Dix ans plus tard l'association comptabilise plus de 100 000 appels par an.

Par la suite, les services sociaux européens pressentent l'efficacité du média téléphone en prévention mais aussi en conseil et en orientation. À Paris, l'École des Parents, une association qui, depuis 1929, a pour objectif la diffusion auprès des familles des savoirs en psychologie et en pédagogie, tente en 1971, avec succès, d'élargir le concept d'aide par le téléphone. C'est la création d'*Inter Service Parents* qui propose écoute, information, conseil, orientation à tous les parents pour leurs problèmes familiaux quotidiens. Les personnes qui répondent sont des professionnels du travail social et du droit. Conseillères conjugales et familiales, psychologues et juristes obtiennent très vite le statut de salariés. La demande se banalise et s'élargit en s'écartant du champ de l'humanitaire. La pratique se diversifie, les problématiques traitées concernent maintenant l'éducation, la scolarité, la conjugalité, la sexualité, les loisirs, les prestations sociales et le droit familial. L'urgence fait place à la guidance. C'est le temps de la réflexion partagée avec un interlocuteur ayant des compétences spécifiques.

Parallèlement le secteur privé et commercial met en place l'assistance par téléphone. Europ Assistance vient au secours, rapatrie, dépanne et en 1981 décide d'adjoindre à ses contrats d'assistance le même type de conseil que celui offert par Inter Service Parents et lui en confie en partie la sous-traitance.

Trente ans plus tard, Inter Service Parents reçoit 35 000 appels par an.

Dans les années 1980, grâce aux initiatives privées et associatives, la relation d'aide par téléphone s'affirme comme complémentaire des interventions traditionnelles du social, du psychologique et du médical. Son accès facile et son anonymat protecteur assurent sa pertinence et son succès.

À partir de 1986, alors que 94 % des Français possèdent un téléphone, l'État, sensible au bien-fondé de cette nouvelle pratique, décide de subventionner tout ou partie de plusieurs services téléphoniques. Plusieurs lignes se spécialisent opportunément autour de différentes thématiques : contraception, toxicomanie, maltraitance, viol.

À la gratuité du service rendu s'ajoute la possibilité de la communication téléphonique gratuite. Le collectif féministe contre le viol est le premier service qui, pressentant l'intérêt d'un numéro d'accès gratuit pour les femmes en détresse, l'adopte pour Viols Femmes Informations. C'est alors l'essor des numéros verts, facturés au détenteur de la ligne. Aisément reconnaissables et mémorisables par leur numérotation (les premiers chiffres sont 05 au début des années 90 puis se transforment tous en 0 800), leur diffusion médiatique s'en trouve favorisée. La promotion du service s'adresse à tous les habitants quels que soient leur localisation, leurs moyens financiers, leur liberté de mouvement, leur âge. Un numéro vert s'appelle d'une cabine sans pièces, sans carte, sans risque d'être reconnu. Les représentations qui lui sont attachées le font paradoxalement percevoir à la fois comme anonyme et personnalisé, mais également comme non interventionniste et apte à apporter un secours.

En 1989, une grande campagne de protection de

l'enfance est lancée, qui implique l'ensemble des citoyens dans cet effort. Le téléphone se révèle comme étant l'outil le mieux adapté au recueil et à la transmission des témoignages qu'ils émanent des victimes ou des témoins d'une maltraitance. Ainsi s'ouvre, en janvier 1990, Allô Enfance Maltraitée, entièrement financée par les pouvoirs publics et dont les missions sont définies dans la loi de juillet 1989. Dans la même année Drogue Info Service et Sida Info Service voient le jour. En 1995 ce sera la création de Fil Santé Jeunes, et plus récemment en 1997 du 115, numéro d'urgence en direction des sans-abris, puis en 2000 du 114 qui lutte contre les discriminations. Ces lignes auxquelles s'ajoutent Violences Conjugales Femmes Info Service sont toutes contrôlées par les services de l'État et emploient des salariés spécifiquement formés pour répondre sur ces divers thèmes. Une nouvelle étape est franchie par la téléphonie sociale : d'expérimentale et dépendante de quelques bonnes volontés, elle s'est intégrée aux dispositifs de prévention et de soins en prouvant son utilité.

À côté de ces services dotés de budgets conséquents, les associations ont pu maintenir, malgré la pénurie récurrente de leurs moyens financiers, une aide par téléphone qui complète leurs actions. Interservice Parents, Croix-Rouge Écoute, parmi les plus anciens et les moins fragiles, restent fidèles à leur mission généraliste, demeurent proches du quotidien ordinaire des familles. Écoute Cancer, Écoute Handicap Moteur ou encore les numéros soutenant les familles concernées par la paralysie, la sclérose en plaques, la maladie mentale et d'autres encore se centrent sur une pathologie. Des communautés, minoritaires ou non, communiquent par le biais du téléphone, ayant pour objectif de rompre avec l'isolement. C'est par exemple le cas d'Écoute Gai pour les homosexuels en difficulté affective et sociale, de la Ligne Azur pour les jeunes en questionnement sur leur probable homosexualité, d'Alma pour les personnes âgées, victimes de maltraitance.

Une écoute au singulier

C'est au moment où l'individualisme prend le pas sur le mutualisme que se multiplient les propositions d'écoute individuelle par téléphone.

Simultanément les concepts de victimologie et d'expertise s'étendent. Le téléphone régule l'émotion collective. Ainsi depuis quelques années, tant à la suite d'une catastrophe telle l'explosion à Toulouse en 2001 qu'en lien avec un risque sanitaire, par exemple le risque d'épidémie de méningite dans le département du Puy-de-Dôme en 2002, un numéro vert est mis en place ponctuellement. Dans ces circonstances, le téléphone devient presque le substitut d'une pratique de solidarité et de mobilisation sociale. Cette modalité de réponse dans l'urgence au téléphone ne doit représenter qu'un des modes d'aide ou d'assistance à des populations traumatisées.

Plus généralement, les missions de prévention, d'incitation aux soins et enfin d'observatoire des services mandatés par l'État, ciblent avant tout des situations à risques. Quand un public est clairement défini, c'est le cas pour Fil Santé Jeunes, les risques à traiter spécifiquement pour cette population sont d'emblée déterminés : par exemple, le risque de contamination MST sida, le risque de grossesse précoce, le risque de suicide.

Si l'on ose parler d'une rentabilité des services de la téléphonie sanitaire et sociale, elle se mesure à la diminution d'incidents. L'outil de veille sanitaire et social analyse les situations, apporte des réponses immédiates adaptées à la singularité de chaque situation et déclenche d'éventuels plans d'action. Ainsi dès 1997, Fil Santé Jeunes signalait aux instances publiques concernées une mauvaise observance de la contraception par les jeunes filles. Au cours des appels, pour éviter une grossesse, une information adéquate leur était délivrée. Par la suite une meilleure diffusion des connaissances sur la contraception d'urgence (pilule du lendemain), accompagnée d'une prescription facilitée ont fait évoluer les stratégies de prévention.

Le dispositif de la relation d'aide par téléphone recueille de manière très privilégiée les problèmes posés ; s'il peut parfois les résoudre, il n'en a pas systématiquement les moyens.

Les utilisateurs de la téléphonie sociale, à l'occasion d'enquêtes, révèlent qu'ils cherchent une aide à la réflexion, un miroir parlant, un tiers plus qu'une solution. Ils précisent d'ailleurs leur rejet des questions inquisitrices et des discours moralisateurs.

L'appel est un moyen de rompre un isolement avéré, proche d'une exclusion mais aussi un isolement plus subjectif dans lequel l'appelant s'enferme. Ouvrir une faille, aménager un début de lien avec un inconnu, c'est entreprendre de renouer avec les autres, ceux côtoyés dans la réalité.

Dans une société qui laisse peu de place aux doutes, privilégie la compétitivité, l'espace offert sur les lignes d'écoute pallie le manque de lieux où confier l'intime. Au téléphone s'expriment l'angoisse, l'irrationnel, ce qui échappe même sur des thématiques de santé très circonscrites. Au téléphone, tout peut se dire, certains tabous tombent. D'aucuns comparent les confidences du téléphone aux aveux du confessionnal. D'autres rapprochent ce type d'entretien à une conversation étonnamment intime engagée avec un inconnu, dans un lieu public, par exemple sur la plage ou dans le train. La distance autorise. Dans tous ces cas, dire libère, et parfois diffère un passage à l'acte qui, quelle que soit sa gravité, aurait été au mieux inutile mais la plupart du temps nuisible.

Un appel illustre la richesse du contenu d'un entretien. Noémie s'inquiète de l'apparition de plaques rouges sur la peau. Très vite elle associe ce trouble à son prochain départ pour l'étranger où elle doit rejoindre un garçon. Il y a deux ans, à vingt ans, elle a quitté sa mère pour la première fois, sa mère qui « a la peau tellement douce ». Ce projet de séjour comme jeune fille au pair aux États-Unis avait été difficile à réaliser. Durant son absence, l'état de santé de sa jeune tante, atteinte du sida, s'est considérablement aggravé, au point qu'elle a dû décider de rentrer en France. Malheureusement cette tante maternelle dont elle était très proche est décédée avant son arrivée. Depuis, la jeune fille ressent une vive culpabilité, liant cette disparition précipitée à son éloignement. Elle a développé une crainte intense de tout rapport sexuel. Au cours de l'appel, elle prend conscience de ses difficultés de séparation d'avec sa mère, exacerbées par la mort de sa tante, et de sa hantise d'une contamination lors d'un rapport sexuel. Elle est encore vierge, a envie de rejoindre ce garçon mais se dit « pétrifiée » par la peur. À la fin de l'appel, elle semble décidée à consulter un psychologue.

Le temps d'un entretien au téléphone avec un interlocuteur formé est un temps « hors–circuit », un entre-deux entre la sphère publique à laquelle chacun est intégré et la sphère privée où les difficultés existentielles sont prégnantes. On pressent pouvoir y exprimer des revendications irrationnelles : « Sa mort est injuste... », « Pourquoi est-ce que ça m'arrive à moi ? », « Je n'en peux plus, je fais tout ce qu'il faut mais je replonge toujours... », et reprendre pied dans la réalité à la fin de l'appel. Être reconnu dans sa globalité avec ses pensées cachées soulage.

La consommation de psychotropes en tout genre, licites ou illicites, démontre le souhait ou l'obligation de gommer les interrogations qui affleurent. Ceux qui craquent sont disqualifiés. Économique à bien des titres, le recours au téléphone est adapté à l'époque. Au-delà de son intangibilité, il accompagne et dispense informations ou réconfort dans une rencontre empreinte d'humanité.

Outre la spécificité de l'outil téléphone, ce qui réunit l'ensemble de la téléphonie à caractère sanitaire et social, c'est l'ambition de retisser du lien entre les personnes, de servir de passerelle vers d'autres lieux. La mission s'organise autour de l'écoute même si la prévention, l'information, l'orientation demeurent prioritaires pour plusieurs équipes.

En prise à des souffrances d'ordre divers, les appelants font appel à ce que Stéphan Jaffrin dans son livre[1] a nommé une « télémaintenance du psychisme

1. Jaffrin S., *Les Services d'aide psychologique par téléphone*, PUF, 1992.

humain ». Le propos est discutable, car il rapproche les services de maintenance audiovisuels ou informatiques, de nature commerciale, et des services d'aide et de soutien psychologique qui ne peuvent, par essence, être à but lucratif.

Qui connaît la téléphonie sociale ?

En 2001, une enquête de notoriété sur la téléphonie sociale a été confiée au Crédoc, à l'initiative de plusieurs gestionnaires de lignes dont les services se sont définis : lignes d'écoute « Pour une téléphonie de la santé et du social, solidaire et d'intérêt public ». 16 % des personnes interrogées citent un nom.

La France, dotée d'un dispositif important en téléphonie sociale, communique moins et moins bien que d'autres pays sur celui-ci. Alors que la notoriété des lignes d'aide est très établie dans les pays anglosaxons : le téléphone y est utilisé pour le suivi de soins, il s'insère dans l'ensemble du dispositif social même si l'intervention dans la réalité est moins rare, l'anonymat moins systématique. Au Canada les centres de crise, présents à travers tout le territoire, proposent une écoute téléphonique qui se complète si besoin est d'une rencontre. En cas de risque suicidaire avéré, l'écoutant n'hésite pas à prévenir la famille et à mettre en place avec eux un véritable plan de soutien. Les Français, pour leur part, revendiquent la non-ingérence des services sociaux dans leurs affaires de famille, la place du téléphone demeure en périphérie.

Pourquoi une téléphonie sociale ?

Le concept de téléphonie sociale est plus souvent associé à la gravité d'une situation qui nécessiterait un secours qu'à une simple demande d'information et d'orientation.

Si les trois quarts des personnes interrogées reconnaissent avoir été confrontées, soit directement, soit par l'intermédiaire d'un proche, à une ou plusieurs situations qui se prêtent à appeler un des numéros existants, 6 % seulement ont appelé. Ces pourcentages sont à rapprocher des cinq millions de sollicitations par an, pas toujours abouties, reçues par sept des lignes mentionnées et des neuf cent mille entretiens effectivement réalisés dans ce même temps par les répondants des dites lignes. Les sollicitations se répètent, par exemple lorsque la ligne est occupée. Cela explique le décalage des chiffres entre les entretiens et les sollicitations.

Le champ des thématiques traitées par la téléphonie est très étendu. Il n'est donc pas étonnant que beaucoup des enquêtés se déclarent concernés. Deux tiers des personnes interrogées manifestent peu de réticences à l'égard de ce recours. Cependant tous n'ont pas eu l'envie ou l'idée de téléphoner. Ils se sont majoritairement tournés vers leur entourage et ont, pour près de la moitié, consulté un professionnel pour résoudre leur problème. 29 % trouvent que l'information sur les services est insuffisante. Les femmes connaissent en moyenne plus de services que les hommes. Le niveau de connaissance augmente avec le niveau de revenu.

En général la population ciblée a, plus qu'une

autre, connaissance d'une ligne qui lui correspond. Ainsi les personnes âgées qui ont des représentations vagues de la téléphonie connaissent plutôt les lignes médicales comme Écoute Cancer, ou la ligne qui lutte contre la maltraitance des personnes âgées. Les jeunes connaissent mieux Fil Santé Jeunes, Allô Enfance Maltraitée. Ceux qui ont utilisé l'aide par téléphone se distinguent peu d'une population générale quant à leur âge, profession, statut, leur lieu de vie. Bien sûr une telle enquête menée auprès de 2 059 individus ne peut prétendre analyser plus avant ce qui d'une part déclenche l'idée puis la démarche d'appel et d'autre part quelles sont ou seraient les spécificités de la population « capable » d'appeler.

L'appelant, un personnage énigmatique

Chacun d'entre nous peut s'interroger. Est-ce facile de parler à un inconnu, quelle fiabilité accorder à ces réponses ? Quel aveu d'impuissance ou de détresse se manifeste dans l'appel ? Est-il plus, ou autrement, marqué que dans la rencontre en face à face avec un interlocuteur visible, retrouvable, en mesure d'être connu et reconnu ?

En général, appeler conviendrait plus aux autres qu'à soi.

Ce décalage entre la reconnaissance de l'utilité des services et la difficulté à les appeler s'explique peut-être par les représentations qu'engendre la gratuité voire le bénévolat. Les écoutants, souligne l'enquête déjà mentionnée, sont perçus plus souvent comme des bénévoles formés et compétents que comme des salariés d'un service subventionné par l'État. Faut-il voir là un héritage des lignes d'inspiration confessionnelle destinées à une population très en souffrance ? La charité seule motiverait le souci d'assistance ?

SOS Amitié a deux principes fondateurs : l'anonymat et le bénévolat. Joseph Haeringer les légitime en les estimant indispensables dans « un rapport qui ne soit pas fondé sur le pouvoir conféré par une compétence ou un mandat social[1] ».

Que penser de la dette, consciente ou non, qui peut résulter de l'appel à un service anonyme et gratuit, appel adressé à un écoutant « frère », égal, « sans pouvoir », mais compétent, disponible, qui donne son temps ? Qui y a droit ? Qui paye, ou comment payer ? Au-delà de l'écoute non rémunérée, la communication peut aussi être gratuite alors même que la vox populi rappelle que « rien n'est gratuit », qu'il y a toujours un débiteur.

Des jeunes rencontrés dans un quartier sensible interpellent agressivement un écoutant venu leur présenter la ligne sur laquelle il travaille : « T'es bénévole, toi ? » Il explique qu'il est salarié, en quoi consiste son travail. Ils réagissent : « Alors tu te nourris de notre malheur. » Cette perception négative et regrettable doit cependant être entendue pour être modifiée. Ils ne comprennent pas qu'on ne puisse travailler sans être payé ? Pour eux « C'est pas clair », mais peut-on affirmer que ce soit si « clair » pour tous même si ce n'est pas verbalisé de la même façon ?

A priori, dans l'ensemble de la population, l'image du bénévole est déclarée positive, plus associée à l'empathie qu'à l'opérationnel. Le temps donné, le dévouement, l'altruisme semblent incompatibles avec

1. In *Les Services d'aide psychologique par téléphone*, *op. cit.*

une rémunération. Mais alors jusqu'où s'autoriser à profiter de ce don, sans en abuser ?

Ceux qui connaissent l'existence et les missions d'un numéro sont-ils ceux qui en ont le plus besoin ? On sait que les personnes qui utilisent le plus la téléphonie ne sont pas les plus en difficulté socialement. Un effort de communication devrait être entrepris en direction d'un public démuni.

L'École des Parents et des Éducateurs a, sur la ligne Illettrisme et Solidarité, l'expérience et la pratique d'entretiens avec des appelants qui font part de leurs difficultés d'écriture et de lecture. Ils possèdent un vocabulaire peu étendu. Les écoutants affirment que le niveau d'études d'un appelant favorise le récit. Néanmoins les capacités d'élaboration face à un problème ne sont pas obligatoirement liées aux savoirs acquis.

Une meilleure information faciliterait probablement les demandes d'orientation mais aussi de soutien pour des situations perturbantes sans être dramatiques. Savoir qui répond, pourquoi, comment, avec quels financements rassurerait et éviterait des confusions. En miroir, bien sûr, l'opacité de l'appelant doit être préservée.

L'intérêt de ce type d'échange est essentiellement constitué par le jeu entre distance et proximité qui permet de dévoiler sans être identifié tout en vivant un entretien personnalisé. L'échange ne stigmatise pas, il ne laisse comme traces que son éventuelle efficacité. Pour autant le recours à un service d'aide par téléphone ne convient peut-être pas à tous.

Une écoutante témoigne : « Ma nièce venait d'avoir un bébé. Elle ne saisissait pas les avantages et les inconvénients des différents modes de garde. Je lui ai conseillé d'appeler Inter Services Parents. Pour qu'elle soit rassurée sur la fiabilité des réponses, il a fallu que je lui explique qui répondait, d'où venaient les informations, de qui dépendait le service. Sa principale appréhension, dans le contexte du moment, était que celui-ci ait des accointances avec une secte. Finalement, elle a appelé et a été très satisfaite des conseils dispensés, très adaptés à son attente et à sa vie. »

La relation d'aide par téléphone

L'aide par téléphone s'est définie comme espace pour soutenir les champs de la santé et du social, elle est déclarée solidaire et d'intérêt public. Or il apparaît que manque une dimension dans cette définition, celle de la relation intersubjective. C'est à ce titre qu'existe une téléphonie clinique et qu'elle est pratiquée par beaucoup, même sans le savoir, à la façon de monsieur Jourdain.

L'originalité d'une téléphonie « clinique »

Quelle que soit la ligne ou le public ciblé par une ligne, la demande est très forte et l'on peut ainsi supposer que cela répond à un souhait sinon à un besoin. Que les services aient une vocation d'écoute ou non, tous s'accordent à constater la demande d'empathie et d'écoute des appelants. Si l'information, l'orientation, parfois même l'intervention font partie intégrante des missions qui leur sont dévolues et qu'ils s'attachent à remplir au mieux, ils remarquent l'importance d'offrir un temps préalable d'écoute pour assurer un minimum d'efficacité au contenu de leurs réponses.

C'est souvent le désarroi, la solitude, la sensation de ne plus faire face, d'être débordé, qui poussent l'appelant à composer un numéro. Toutefois l'élément déclencheur de l'appel reste mystérieux. Souvent le numéro était là, à portée de main depuis quelques jours, quelques mois. Que le questionnement ait été mûri ou non, le déclic se fait soudainement. Le téléphone est décroché pour solliciter un professionnel de l'aide qui va d'abord prendre le temps d'écouter.

S'agit-il vraiment d'un acte réfléchi ou est-ce une sorte de choix par défaut ? L'appelant recherche une aide immédiate, perçue comme économique en matière d'argent, de déplacement, de temps. Inutile de se préparer, on peut se présenter sans atours. Les défenses ordinairement mises en place qui président toute démarche de remise en question ne sont pas nécessaires. Tout se passe comme si la demande ne révélait aucune position de faiblesse, comme si l'appelant s'adressait à une sorte de double. L'absence de préambules au démarrage de l'entretien permet de se raconter sans détour. On compose le numéro, en larmes ou en colère, et on expose sans pudeur sa difficulté. L'émotion n'a pas à être retenue. Déprime, chagrin, violence subie, sexualité, les sujets qui semblaient tabous sont évoqués, détaillés avec une simplicité inattendue même si la parole n'est pas d'emblée fluide. Tout ou presque peut se raconter, se dévoiler au téléphone. La parole s'essaie à l'impossible. Elle décrit, raconte, circonscrit, englobe. On parle d'amour, de sexe, de mort, d'angoisse. On ne se voit pas, on ne se connaît pas, on peut se dire l'intime, le dedans, projetés dans cet autre invisible. Une tentative de partage et de soins s'engage au téléphone, peut-on parler de « clinique » ? L'écoutant s'approche de l'appelant comme le médecin s'assied au chevet du malade pour lui apporter réconfort et soins. L'écoutant écoute, incite à la parole, évalue. Il est là, sans être là. L'appelant dévide son histoire sans regard, sans corps près de son propre corps, mais si proche de celui qui écoute, proche à lui parler dans l'oreille.

L'écoute empathique « fonctionne », elle fait office de guide, de garant pour oser s'écouter soi-même en affinant son écoute à l'autre. Elle permet d'entrer en soi pour entamer un travail d'introspection, fouiller dans ses ressentis. Elle accueille la souffrance sans objectif de l'éliminer, elle l'entend, la comprend avec compassion.

L'écoute n'est pas « béante », elle soutient, canalise. Des limites sont implicitement posées qui garantissent une sécurité à l'appelant. L'écoute a des effets thérapeutiques lorsqu'elle amène un mieux être mais elle ne se revendique en aucun cas thérapie. Elle invite à la thérapie ceux qui en ont besoin, leur laissant entrevoir les bienfaits qu'ils peuvent en attendre et dédramatisant l'acte d'une parole qui ose raconter. Les fantasmes sont exacerbés. L'imaginaire se déploie dans cet espace virtuel.

Le temps, la notion d'urgence changent de caractéristiques. Le désir d'immédiateté se satisfait, quelqu'un est là, disponible, prêt à écouter, voire à répondre et pourtant l'urgence ressentie par l'appelant ne sera pas souvent prise en compte comme telle. À l'urgence du maintenant, tout de suite : « Donnez-moi la solution, faites à ma place », se juxtapose le temps offert pour une exploration sans chronologie de l'histoire de l'appelant. La confidence, la demande peuvent s'exprimer sans risques, dans une reconnaissance de la parole mais aussi du récit.

Une jeune fille appelle une ligne généraliste un matin d'été. Elle a découpé le numéro dans un magazine, il y a longtemps. Il était dans son portefeuille, elle ne pensait pas appeler pour « juste parler ». Elle imaginait utiliser le service si un jour elle avait besoin d'une information pratique. Et puis là ce matin, dans son bain, elle a craqué. Elle n'en peut plus, elle a envie de crier, de pleurer. Alors elle a composé ce numéro et elle raconte. Hier soir elle s'est disputée avec sa mère. Elle a critiqué l'ami de celle-ci. Elle considère qu'il n'est pas gentil et qu'il boit un peu trop. Elle se sent si seule ce matin. Elle s'inquiète pour sa mère. C'est si dur avec elle. On dirait que plus rien ne va. Puis elle parle de son père. Il est mort, il y a trois ans, ils s'entendaient bien. Il est mort soudainement. Elle a tenu le coup mais depuis lors, elle s'est interdit toute relation avec un garçon pour ne pas « choquer » sa mère. Interrompue ou relancée par l'écoutant, elle convient que tout ne va pas si mal. Elle aimait l'équitation auparavant, pourquoi ne pas recommencer ? Elle ne rencontrera personne si elle s'enferme. Sa mère a besoin de respirer. Finalement c'est dur de prendre conscience qu'elle partira vivre sa vie. Elle doit s'autoriser à vivre, elle aussi. L'appel lui a fait du bien.

L'appel s'effectue dans une sorte de lâcher-prise. Répétitions, confusions, immobilisme sont propices au cheminement vers une meilleure compréhension. Bien sûr le téléphone n'est pas magique. Parfois il est même encore plus difficile dans ce cadre que dans un autre de dénouer un tant soit peu une situation. Il ne faut pas sous-estimer la froideur du téléphone, les frustrations qu'il engendre. Une relation d'aide par téléphone comme une relation amicale ne peuvent probablement pas s'épanouir pleinement. Le téléphone facilitateur de la parole qui livre l'intime, l'authentique, est aussi un leurre si l'on croit qu'il suffit à nourrir le lien.

Pour les adolescents, l'appel peut être initiatique. Il a 16 ans, ce soir il sera seul chez lui avec elle, ses parents sont partis pour le week-end. Il n'arrête pas d'y penser. Elle est d'accord « pour le faire ». Il a acheté des préservatifs et se demande s'il osera. Est-ce bien ou mal de profiter de l'absence de ses parents ? Ce sera la première fois pour lui et sa copine. Et si ses parents s'en apercevaient ? Ils lui font confiance. Est-ce les trahir ? Tout se mélange dans sa tête, le préservatif, les parents, la copine. Sera-t-il « à la hauteur » et puis « est-ce qu'il faut parler pendant et après » ?

L'écoutant l'aide à faire le tri. Sont-ils prêts tous les deux, s'est-il entraîné pour le préservatif ? Après quelques rappels de prévention, il le rassure, il n'est pas obligé de tout raconter à ses parents, sa sexualité d'adolescent lui appartient.

Les sens manquent au téléphone

L'outil technique permet deux choses : abolir l'espace et le temps. Les coordonnées sont bouleversées, les subjectivités aussi. La voix est véhiculée, projetée dans l'espace et dans le temps. Elle est hors corps, même si c'est la seule manifestation du corps qui subsiste dans ces échanges. Le loin devient ainsi le près.

Quand la notion d'anonymat intervient les représentations sont soumises à encore moins de contraintes.

L'espace est soudain transposé dans une autre dimension où les êtres communiquent, mais ne se rencontrent pas. Où les corps ne se voient pas, ne se sentent pas. Seule la voix projetée dans des fils tient lieu de contact. La parole se déploie dans ce canal totalement artificiel. L'espace-temps n'a plus d'autre repère que la rencontre improbable de deux subjectivités. Des cinq sens, seule l'ouïe est présente au téléphone. Plusieurs sens en moins, cela engendre un climat d'affectivité à fleur de peau, une sensorialité qui supplée l'absence du toucher et du regard.

Le toucher, même s'il est très peu utilisé dans les contacts courants, module les relations sociales, ne serait-ce que par une poignée de main échangée, geste quotidien qui manifeste le début et la fin d'une rencontre. Les Romains y voyaient une marque de confiance, puisqu'elle permettait de constater qu'aucun poignard n'était caché sous les manches de la toge !

Le toucher règle la distance entre individus. Les rapprochements physiques signent la montée des émotions, amour ou colère, de façon plus ou moins évidente. Ils peuvent même trahir un désir retenu, caché : envie de prendre affectueusement ou amoureusement dans les bras, envie de se battre, de « se coltiner ». Le toucher rassure, réconforte. Une main qui se pose sur une épaule apaise. Une caresse est éloquente.

Les adolescents plébiscitent probablement le téléphone parce qu'il préserve la distance et en conséquence diminue considérablement le risque d'érotisation. Sur Fil Santé Jeunes, ils expriment leur souhait impossible de pouvoir consulter à distance, que l'appel téléphonique suffise. Ils préfèrent ne pas être touchés. La crainte d'un examen somatique les empêche de décrire clairement leurs symptômes au médecin, parfois même de consulter.

L'illusion d'un contact physique est parfois ressentie dans ce dialogue, très original entre deux inconnus, typique de la téléphonie clinique. Un appelant en grande détresse est comme pris dans les bras, arraché à son envie de mourir. L'adolescent qui se débat dans ses contradictions est contenu par la parole avec la même vigueur que s'il était maintenu physiquement.

Quelques appelants détournent la proposition d'aide, qu'il s'agisse de déprimés qui demandent qu'on leur « tienne la main » jusqu'à ce qu'ils s'endorment, ou d'individus qui fantasment des relations sexuelles avec les écoutantes alors instrumentalisées. Ceux-là se fourvoient. Confondent-ils lignes d'écoute gratuites et services érotiques commercialisés au téléphone ou abusent-ils avec un plaisir pervers des ambiguïtés d'une relation anonyme par téléphone qui mêle réalité et fantasmes ?

La vue est l'élément majeur qui manque dans ces échanges téléphoniques. Le regard est annulé, absent. La reconnaissance des traits physiques de l'autre, l'attraction, la répulsion qui peuvent en découler, les mimiques du visage, la gestuelle du corps qui accompagnent le discours sont essentielles dans une rencontre.

Ces repères visuels permettent à l'interlocuteur de mesurer le degré de concordance entre ce qui est dit et les expressions du regard du visage et du corps.

Ne pas être vu modifie l'attitude de celui qui parle. Allégé du regard de l'autre, il est comme libéré des entraves de son corps. Il se concentre sur la recherche de sa propre histoire.

Mais pour autant ces regards, celui posé sur l'autre,

celui senti sur soi, existent d'une autre façon au téléphone. Quand on téléphone, on ne peut regarder en même temps quelqu'un dans les yeux, le regard est absorbé ailleurs sur un point anodin ou une scène que l'on ne suit pas vraiment. D'où, entre autres, le risque de téléphoner au volant. En effet, le regard est tourné vers l'intérieur, vers un point fixe qui n'incarne rien sinon le point à partir duquel l'imaginaire va pouvoir se déployer. C'est celui de l'imaginaire et du fantasme. Des réseaux de suppléance se mettent en place pour reconstituer une image de l'autre à partir des quelques éléments qui sont donnés à entendre. Les bruits parasites, l'ambiance sonore illustrent les silences. Comme un aveugle privé de la vue va développer ses autres sens, l'interlocuteur, le voyant qui parle et écoute au téléphone, devient plus sensible à la sensorialité auditive.

Certains appelants cherchent à joindre un écoutant avec lequel ils ont déjà eu un entretien qui les a satisfaits. Peut-être trop satisfaits, puisqu'ils s'accrochent à cette voix-là. Pour la retrouver, ils répètent alors plusieurs fois leur appel, plusieurs jours de suite. Cela explique en partie les nombreux appels qualifiés de « muets » reçus sur les numéros verts.

Quand le cadre d'un strict anonymat impose de ne pas se « retrouver », si par ailleurs il est rarement proposé à l'appelant de rappeler, quand celui-ci joint enfin la « bonne voix », il est à son tour reconnu par l'écoutant. C'est très étonnant, dans des services qui reçoivent plusieurs centaines d'appels par jour. Un écoutant qui mène une vingtaine d'entretiens chaque jour reconnaît en quelques secondes un appelant.

L'anonymat

Il caractérise la téléphonie sociale. Presque toutes les lignes le revendiquent. Il s'entend strictement de part et d'autre, caractérisant l'écoute apportée et le métier d'écoutant. Il séduit les adolescents qui paradoxalement sont ceux qui le testent, le mettent le plus à mal.

Parfois les missions d'un service imposent une sortie de l'anonymat. On passe alors à la confidentialité de l'appel. L'appelant est identifié, il peut y avoir intervention dans la réalité, au-delà du téléphone, en respectant une discrétion maximale.

Quand l'anonymat ne peut être maintenu

Selon une règle de droit, « l'urgence déjoue toutes les règles ». Mais il est prudent de se méfier de l'urgence qui plaque ses propres règles. L'outil téléphone pousse à l'urgence.

Si, pour nombre d'appelants, il est urgent d'obtenir une information ou de parler pour se soulager, cette urgence n'impose pas de réaction immédiate aux adultes qui reçoivent l'appel. Il est même, la plupart du temps, urgent de ne pas céder à l'urgence et de prendre le temps de réfléchir. Souvent, il va s'agir, pour celui qui va très mal, de dire, de se lâcher, de vérifier qu'il y a quelqu'un de l'autre côté du fil prêt à lui tenir la main, à le rassurer. Dans un besoin presque vital, il vérifie qu'il est important pour quelqu'un, même si ce quelqu'un est anonyme, inconnu, car, de ce fait, il représente un peu tout le monde.

L'urgence absolue est d'un autre ordre, elle est appel au secours quand une situation de passage à l'acte suicidaire est franchie. Une intervention dans la réalité devient impérative. Il y a sortie du cadre habituel. L'anonymat est alors exceptionnellement levé. Ces situations sont rares et relèvent de l'assistance à personne en danger. Les modes de réponse ou d'élaboration possible sont étudiés au préalable en équipe.

L'article 223-6 du nouveau Code pénal concernant la non-assistance à personne en péril s'applique à tout individu : « Quiconque pouvant empêcher par son action immédiate, sans risque pour lui ou pour des tiers, soit un crime, soit un délit contre l'intégrité corporelle de la personne s'abstient volontairement de le faire est puni de cinq ans d'emprisonnement et de 76 335 euros d'amende. Sera puni des mêmes peines quiconque s'abstient volontairement de porter à une personne en péril l'assistance que, sans risque pour lui ou pour les tiers, il pouvait lui prêter soit par son action personnelle, soit en provoquant un secours. »

Les témoins de maltraitance sur mineurs sont tenus par la loi de déclarer leurs soupçons ou leurs constats. Un numéro vert, le 119, est spécifiquement destiné à recueillir ces témoignages et ceux des victimes elles-mêmes. Les transmissions pour signalement faites au conseil général du département ou à l'autorité judiciaire obligent à une sortie de l'anonymat. Aussi, le choix d'un strict anonymat comme cadre d'entretien posé sur d'autres lignes, par exemple Fil Santé Jeunes, s'appuie sur une complémentarité avec le 119 et sur l'énoncé systématique de ce numéro et de son fonctionnement aux appelants qu'il pourrait concerner.

Hormis ces exceptions, il ne sera dans la majorité des services jamais demandé à l'appelant de se nommer, de s'identifier, et bien sûr aucune recherche ne s'effectue pour connaître cette identité.

L'anonymat ou l'absence de nomination

« Je reçois quelquefois des lettres anonymes [...], j'y trouve la vérité, trésor inestimable, et souvent des avis que ne me donnerait peut-être aucun de ceux qui me veulent le plus de bien », a écrit Paul-Louis Courier dans ses *Pamphlets politiques.* Malgré son ironie, cette pensée souligne la liberté d'une parole sans risque, offerte par l'anonymat, même si la lâcheté a souvent été associée à l'anonymat. Le film de Henri Georges Clouzot, *Le Corbeau,* en donne une illustration belle sur le plan artistique mais assurément sinistre.

Lorsqu'un enfant vient au monde, il est nommé par ses parents : le nom propre représente la lignée et le prénom est la marque du désir de ses parents d'avoir voulu le nommer ainsi. Françoise Dolto mentionnait l'engagement du désir du père dans le nom de famille qu'il transmet et du désir de la mère dans l'attribution du prénom. Ces désirs par la nomination sortent de la sphère intime pour s'annoncer dans la sphère sociale. Le nom inscrit l'individu dans la communauté.

Au téléphone, l'appelant garde un anonymat qui lui permet de ne pas se dévoiler, de parler de lui sans être vraiment lui. Il n'est plus fils ou fille de untel, dont les parents exercent tel métier. Il n'est plus l'élève sage qui ne déçoit personne. L'anonymat autorise à se dire, voire à alerter, inquiéter, à tester. Les adolescents, plus que toute autre population, apprécient ces jeux avec l'identité. Dans une période où ils cherchent qui ils sont et qui ils souhaitent devenir, pouvoir se départir du nom qui marque leur appartenance leur ouvre un champ de possibles.

L'analogie avec le bal masqué, plus fréquent dans des époques passées, prête à nombre d'interprétations. Comme au bal masqué, on peut se cacher derrière son masque, on peut aussi changer de masque, être momentanément un autre. Le jeu peut être un jeu de dupes, mais il devient souvent un jeu de la vérité. L'intérêt du masque, c'est de pouvoir « tomber le masque ».

L'anonymat sur une ligne d'aide s'entend des deux côtés de l'appel. Parler à un écoutant qui n'est pas une personne à part entière, mais un anonyme, un sans-nom et pourtant dont l'existence est incarnée par une voix retire de la réalité à la conversation engagée. On peut alors penser à un échange virtuel. Au même moment l'appelant est en demande de reconnaissance. Comment concilier ces paradoxes : être quelqu'un quand on n'est personne ? C'est presque du Raymond Devos.

Dans un appel, tant que le discours se situe dans un certain registre, l'appelant, en particulier quand il s'agit d'un adolescent, parle à un anonyme, autant dire à n'importe qui. Cela peut être ressenti de façon désagréable de part et d'autre du fil. L'un comme l'autre des interlocuteurs sont, en quelque sorte, au sens figuré comme au sens propre : dé-personnalisés.

L'appelant sollicite l'écoutant, lui demande une réponse personnelle dans laquelle ce dernier s'engage. Ainsi l'écoutant énonce sa propre subjectivité en interrogeant et en proposant des pistes de réflexion. Alors s'opère une bascule qui fait que l'écoutant devient une personne incarnée dans le discours et sans doute dans la représentation de l'appelant. Ainsi l'anonymat, tout en étant tout à fait respecté, se transforme en une relation incarnée, sorte de personnalisation de la voix qui devient unique et singulière. L'anonymat ne nie plus la personne. Ce serait d'ailleurs une des particularités de la téléphonie clinique que cette personnalisation, cette incarnation de l'autre malgré son absence (il n'est pas présent physiquement) et malgré sa non-nomination. Cette confiance, accordée à la voix et à la parole de l'autre invisible et inconnu, s'instaure la plupart du temps assez vite. Elle repose sur des éléments verbaux et, aussi étonnant que cela puisse paraître, infra-verbaux. Il se perçoit plus que des mots au téléphone. Un sourire, une crispation, un agacement, une émotion s'entendent. L'ambiance proche et lointaine est perçue. Ce climat s'installe en quelques minutes alors qu'il faut parfois plusieurs mois ou années pour l'obtenir dans une relation thérapeutique. Il serait toutefois erroné d'assimiler ce lien au transfert opérant dans la thérapie. Ses caractéristiques ne sont que partiellement en jeu, même si des mouvements affectifs se mettent très vite en place.

Les adolescents qui appellent une ligne d'écoute sollicitent le plus souvent un adulte qu'ils placent dans une position parentale, alors même que celui-ci n'est que de quelques années son aîné. Le téléphone et l'anonymat donnent une liberté de représentations qui produit les qualités de l'échange relationnel.

Si l'entretien avec un professionnel de l'écoute a

des effets potentiellement thérapeutiques, l'anonymat participe de l'impossibilité à entamer un vrai travail de psychothérapie par téléphone. Il autorise à un franchissement de la barrière de la parole. Un énoncé qui sous couvert d'anonymat a pu enfin se dire, ouvre à la parole avec d'autres interlocuteurs, ailleurs, dans la réalité, celle où l'on existe en se nommant.

Les appelants réguliers, ceux qui s'habituent à se raconter, ne profitent pas des effets facilitateurs de l'anonymat. À l'inverse ils utilisent ce média pour s'empêcher de mettre en place une véritable démarche thérapeutique.

Dans l'étude du CREDOC déjà mentionnée, des utilisateurs de la téléphonie sociale ont été interviewés. L'auteur du rapport, Marie-Odile Simon, note : « L'anonymat s'affirme comme l'amorce nécessaire à tout dialogue. Il met en confiance et permet de libérer la parole. C'est une étape essentielle à l'instauration du contrat de communication. » Toutefois, à l'École des Parents, les écoutants du plateau qui gère sept lignes d'aide remarquent que les appelants détenteurs d'un contrat Europ Assistance, bien qu'ils donnent leur nom, se confient très librement. Ils notent que leur démarche s'inscrit au milieu d'un parcours. Ils ont déjà été conseillés ailleurs ; ils sont plus à la recherche de solutions que de réflexions. Pour d'autres lignes, anonymes, ces mêmes écoutants signalent que les personnes les plus âgées se présentent en se nommant. Sur le plateau réservé aux appels des jeunes, l'équipe insiste sur l'importance de l'anonymat chez ces derniers pour déclencher la verbalisation d'une préoccupation.

Qui écoute ?

Écoutant, consultant, conseiller, chargé d'accueil, opérateurs, les termes varient pour nommer la fonction. L'appellation de répondant est ici à récuser, en ce qu'elle cantonne dans une position antinomique de la téléphonie clinique. En revanche, désigner par « écoutant » la fonction lui donne un champ de développement large. Depuis 1989, le Petit Robert donne une définition du mot qui jusqu'alors n'était pas reconnu comme substantif : « Personne dont la fonction est d'écouter et de conseiller des gens en danger qui appellent par téléphone. » À noter la notion de danger adjointe à la demande. Écoute et danger sont plus facilement associés qu'écoute et information. L'écoute est le plus souvent pratiquée pour apporter un soutien.

Écouter professionnellement au téléphone est une fonction de plus en plus répandue. Est-ce un métier ? Faut-il faire métier de cette écoute ou simplement écouter avec compétence ? À ce jour la question reste entière même si plusieurs services étudient l'éventualité d'un référentiel métier qui formaliserait les critères d'une nouvelle profession et la ferait reconnaître comme telle.

L'écoute au téléphone relève d'un pari. Chacun peut ainsi tenter d'écouter avec compétence. Cependant, en faire une activité professionnelle implique une écoute spécifique, clinique. Elle se fait à un double niveau. Le premier est celui de l'écoutant, ce qui va renvoyer à sa formation d'origine, parfois son diplôme puis à sa formation pratique acquise au fil du temps et de l'exercice. Ce premier niveau est souvent plus immédiatement visible chez les psychologues, les éducateurs, les assistantes sociales ou autres formations du champ social qui répondent sur bon nombre de lignes, il est également présent chez les médecins, les juristes.

Le second niveau est celui de l'écoute de ce qui se passe dans ce moment original de l'entretien. L'écoute de l'autre mais aussi l'écoute de soi. L'histoire de l'écoutant, son expérience de vie, familiale, amicale, professionnelle, amoureuse, avec ses aléas, doutes, échecs, réussites, projections, idéalisations interfère dans la relation avec l'appelant. L'écoutant est attentif à ses divers mouvements intérieurs : manifestations de complicité, de laxisme, de tendresse, d'agacement, de sévérité, de rejet. Pris à témoin ou appelé à l'aide, il se mobilise avec discernement et compassion. Il accepte sans juger, mais aussi en quittant son système de références pour s'ouvrir à celui qui le sollicite. Il admet son impuissance quand il n'y a pas de logique, pas de causes à déceler, comprendre, pas de solutions pour alléger la souffrance.

S'ajoute au duo écoutant-écouté une écoute tierce, autrement dit l'écoute de l'écoutant. Elle est, la plupart du temps, mise en place pour soutenir le travail d'aide. Selon les services, on les qualifie de réunions cliniques ou de supervision ; ce peut être aussi des « partages ». Pour tous, il y a reprise, clinique là aussi, du travail de l'écoutant dans des temps de mise en commun. En général ces réunions sont animées par des psychiatres ou des psychologues, psychanalystes par ailleurs. Ces temps de recul permettent tout à la fois de maintenir le cadre inhérent à une ligne et d'élaborer sur sa pratique, d'interroger l'intime de l'écoutant que l'appel a réveillé, ce qui a induit des réponses ou des attitudes particulières de l'écoutant. Les échanges entre écoutants, avec la présence d'une écoute tierce, un analyste, favorisent la libre association sur la pratique singulière du téléphone, et montrent la diversité des réponses à l'intérieur du cadre fixé pour ce travail.

Les écoutants sont soumis à rude épreuve, surtout avec des adolescents. Ils sont brusqués par le rythme de leurs interlocuteurs. Sur Fil Santé Jeunes, un écoutant décroche plus de cinquante fois le téléphone pendant sa tranche horaire. Du plus léger au plus grave, chaque appel est pour le jeune singulier alors que son contenu peut sembler répétitif au professionnel qui l'entend, ce d'autant plus qu'il n'accroche pas son attention à la diversité de visages. C'est d'ailleurs les entretiens dans lesquels il y a des représentations visuelles fortes qui sont les plus mémorisables. La similitude des problématiques induit une vigilance à ne pas céder à des automatismes et à ne pas devancer le jeune dans le déroulement de son histoire.

Dans ce moment éphémère de l'appel, les écoutants rassurent, orientent et ne connaissent pas la suite. Ils entendent un mieux, sèment, déposent un grain de sable qui, à un moment ou à un autre, modifiera un dysfonctionnement qui s'est mis en place. Mais leur intervention ne se situant jamais dans une durée reconnue, ils n'ont pas de retour gratifiant.

Sur Fil Santé Jeunes, la suite donnée par le jeune à un appel n'est qu'exceptionnellement connue puisque le cadre impose la non-fidélisation de l'appelant, à qui il est très rarement proposé de rappeler. Quand bien même, pour des raisons variables (qui vont de l'impossibilité au moment de l'appel de noter une adresse à une sorte de contrat moral passé en cas de fugue ou d'éventuel passage à l'acte dangereux), il lui est demandé de rappeler, il lui est précisé qu'il ne parlera probablement pas à la même personne, que l'équipe est un « nous », que chacun s'engage dans un appel au nom de tous.

Hormis ces situations extrêmes, des jeunes rappellent pour passer un message. Celui-ci souhaite remercier l'écoutant du jeudi soir qui lui a permis de passer un cap difficile, de considérer son problème autrement. Celui-ci annonce que ça va beaucoup mieux. Les soirs de Noël et les 1er janvier regroupent les propos reconnaissants.

Plus banalement, les jeunes appelants remercient fréquemment avant de raccrocher. Remerciements plus ou moins valorisants : nombreux sont ceux qui concluent par « Merci quand même » !

Il ne faut pas prêter plus à la relation d'aide par téléphone que ce qui lui revient. La tentation néanmoins est omniprésente. Tentation d'une trop forte empathie, tentation de se laisser aller à séduire ou à être séduit. Deux écueils s'avèrent des ornières où l'écoutant risque de s'enliser avec l'appelant : celui de « faire durer » l'entretien et celui de vouloir explorer trop loin dans l'histoire de l'appelant, lui-même disposé à s'épancher et à élaborer quelque chose issue de son passé. L'écoutant doit freiner son envie de savoir, d'être un thérapeute efficient. Il doit faire taire sa propre curiosité, pas forcément malsaine mais inutile en l'occurrence. Le cadre ne s'adapte pas à ce qui ressemblerait à une consultation ou à une séance de psychothérapie.

Un appel ne doit pas s'étirer. La limite temporelle est structurante dans ce canal du téléphone qui tente de méconnaître la distance et le temps.

Savoir interrompre une communication est parfois plus aidant que tenir un long discours qui n'aboutit nulle part. Le temps passé n'est pas un gage de sa qualité. Il donne parfois bonne conscience, traduit peut-être la culpabilité à l'œuvre chez l'écoutant surtout quand celui-ci n'écoute que d'une oreille. Denis Vasse, dans une communication à un colloque de SOS Amitié en 1977, indiquait : « La longueur des communications est plus néfaste qu'efficace. Elle manifeste une crainte ou une bonne conscience. »

La façon de mettre fin à un entretien au téléphone a une valeur essentielle. Elle détermine la possibilité laissée à l'appelant de prendre en main sa demande et sa plainte. Il ne faut jouer ni l'ami confident ni le thérapeute. La dimension artificielle du téléphone ne fait pas de doute et il est de bon aloi de renvoyer une fois de plus l'appelant aux interlocuteurs de la réalité.

Dans une réunion, une équipe d'écoutants s'interroge a posteriori sur le cas d'une jeune fille de 14 ans qui appelle de façon répétitive. Lors du premier appel, un soir tard, alors qu'elle ne parvient pas à s'endormir, elle raconte le décès récent de ses parents et de ses frères dans un accident de voiture. L'histoire pathétique suscite l'émotion de l'écoutant. Il l'écoute « trop », trop longtemps ; des deux côtés, raccrocher est difficile. Deux jours plus tard, elle recommence, relate en partie son histoire à un autre écoutant et demande une écoute pour pouvoir s'endormir. L'écoutant accède à sa demande, à nouveau l'appel dure...

Jour après jour elle téléphone, détaille son enfance, sa difficulté à faire le deuil de sa famille, sa culpabilité d'être vivante. Les écoutants lui conseillent de s'adresser à sa grand-mère qui est sa tutrice et de consulter un psychologue. Chaque soir elle acquiesce, mais elle réitère le lendemain, mettant l'équipe en difficulté.

En groupe, les écoutants pourtant « rodés » réalisent qu'ils se sont laissé « happer » par le chagrin de cette adolescente. Ils n'ont, pour différentes raisons, pas su, pas pu interrompre l'entretien et l'ont même, à tort, inciter à rappeler. L'adolescente s'est alors accrochée à eux. Une dépendance s'est installée, produisant une impasse qui freine une démarche dans la réalité.

Un écoutant ne peut, ne doit pas tout écouter. L'appelant, en particulier l'adolescent plus vulnérable, a besoin de limites. Tout accepter de lui serait comme tout accepter d'un enfant. La forme tout autant que le contenu de l'appel sont soumis à un cadre protecteur.

Une question essentielle se pose jour après jour à l'écoutant. De quelle place écoute-t-il ? Quels risques existent sur une ligne réservée aux jeunes à trop s'identifier à eux, ou à l'inverse à leurs parents ? Quelle part de sa propre adolescence résonne dans cette proximité répétée du monde adolescent ? Quelles représentations des jeunes se développent en lui ? Quel plaisir, quelle usure, quelle frustration lui apporte ce « travail » original ?

La même question, à savoir comment se situer au contact d'une population et de ses problématiques, se pose pour d'autres individus que les jeunes, par exemple les personnes âgées ou encore les femmes victimes de violences masculines.

On le voit, l'écoutant se heurte à de multiples « trop », est soumis à des règles contraignantes.

Être écoutant ?

Être à l'écoute de problématiques de plus en plus circonscrites ou de populations finement ciblées suppose un minimum de connaissances à leur propos. La prise en compte des multiples réalités des appelants conditionne l'information transmise et l'éventuelle orientation. L'exercice oblige à dépasser une « simple » écoute subjective.

Si l'on devient écoutant en écoutant, cela pour autant ne suffit pas. Les écoutants ne sont pas interchangeables d'une ligne à l'autre. Ainsi l'écoute des adolescents au téléphone nécessite un savoir de leur développement physique et psychique et des problématiques spécifiques à cette tranche d'âge. Les connaissances ont été acquises à l'occasion d'une formation initiale et s'acquièrent au cours de la pratique. Pour ne pas être assenées, elles doivent être « digérées », intégrées. Les « sachants » imposent leur savoir sans pédagogie, avec mépris, sans laisser d'espace pour trouver des ressources personnelles, indispensables pour que l'apport d'informations soit efficient. L'écoutant compétent simplifie et permet à l'appelant de s'approprier la part de connaissance qu'il est apte à recevoir.

L'écoutant est celui qui est censé être en position passive. Il n'en est rien car c'est une écoute active qui est requise, quel que soit le type de ligne ou le type d'écoute.

Le modèle de l'écoute se trouve dans le champ de la psychologie. Les écoutants croient en des mythes ou des idéaux. Ils s'y mesurent au cours du temps et modifient les représentations de leur propre pratique.

Nombre d'écoutants sont psychologues. Ils évoquent souvent leurs idéaux, leurs figures identificatoires. L'écoute analytique serait l'écoute par excellence, avec une écoute des mots au-delà de ceux-ci. Il y aurait une troisième oreille comme il y aurait un troisième œil imputable à un spécialiste supposé formé à tout entendre, qui plus est dans une sorte de neutralité bienveillante.

Cette idée reçue de neutralité bienveillante est battue en brèche par la pratique. La neutralité n'impose que l'écoute d'une oreille égale, et non l'écoute avec bienveillance voire béance. L'écoutant guide, s'engage.

Le téléphone confronte à des contenus d'appels extrêmement divers. La demande et sa formulation sont très variables. Il peut s'agir d'une demande d'information ou d'une demande de soutien psychologique. L'une cache parfois l'autre. Parfois une question explicite à propos d'un symptôme, d'une plainte somatique dissimule une difficulté complexe. L'écoutant, grâce à sa formation, évalue si une réponse pratique et brève suffit ou si l'attente perçue implique une exploration plus personnelle de l'histoire avancée. Grâce à la confiance qui s'établit la parole se délie, des questionnements plus intimes se font jour et peuvent se déployer.

S'il respecte la parole au bout du fil, l'écoutant s'engage toujours a minima, ne serait-ce qu'en donnant un renseignement, une adresse qu'il commente. Plus fréquemment, il cherche avec l'appelant à démêler, dénouer son problème. Mais à l'inverse du psychanalyste, il doit prendre en compte la ou les réalités de celui qu'il écoute.

Dans ce contexte à nul autre semblable, qui

rencontre qui ? Qui « mène » l'entretien ? C'est l'appelant qui décide d'appeler, c'est parfois lui qui mettra un terme à l'entretien. Quand il s'agit d'un adolescent, il coupe parfois abruptement parce que ses parents arrivent ou parce que les cours reprennent, le bus arrive ou tout simplement parce qu'il « en a plein la tête »...

Y a-t-il une bulle ou deux bulles dans ce moment du téléphone ? Très proches, en partage d'intimité, les protagonistes s'imaginent. Mais l'appelant demeure inconnu, mystérieux. Qui appelle-t-il, une personne, un objet-ligne qui détient des savoirs ? L'un cherche, l'autre est mu par son désir d'aider, sont-ils ensemble ?

Fil Santé Jeunes

Promouvoir la santé des jeunes

Il existe, en santé publique, une définition internationale de la santé au sens le plus large du terme. Il est communément admis que : « La promotion de la santé a pour but de donner aux individus davantage de maîtrise de leur propre santé et davantage de moyens de l'améliorer. Pour parvenir à un état de complet bien-être physique, mental et social, l'individu, ou le groupe, doit pouvoir identifier et réaliser ses ambitions, satisfaire ses besoins et évoluer avec son milieu ou s'y adapter. La santé est donc perçue comme une ressource de la vie quotidienne, et non comme le but de la vie ; c'est un concept positif mettant l'accent sur les ressources sociales et personnelles, et sur les capacités physiques. La promotion de la santé ne relève donc pas seulement du secteur de la santé : elle ne se borne pas seulement à préconiser l'adoption de modes de vie qui favorisent la bonne santé ; son ambition est le bien-être complet de l'individu. »

« Allô, Fil sans gêne », elle rit, elle a remarqué son lapsus

Ils expriment sincèrement, naïvement, agressivement leurs préoccupations « sur le Fil ». Un fil pour traverser comme un équilibriste. De l'autre côté, c'est l'inconnu, impressionnant mais tellement attirant. L'espace de l'entretien les rassure comme les rassurait leur « doudou », fameux objet transitionnel qu'ils emportaient partout avec eux dans leur petite enfance.

De la plus légère à la plus grave, les questions fusent avec une acuité et une rapidité qui prennent au dépourvu. Ils voudraient « tout », tout de suite et le disent avec leurs mots.

« Comment on embrasse ? »

« Je suis attirée par ma meilleure amie, les garçons me regardent jamais. »

« Comment expliquer à mon copain comment il doit mettre le préservatif ? »

« J'ai peur qu'il me quitte si je couche pas. »

« Mon sexe est trop petit, je me sens pas normal. »

« Comment draguer les garçons ? »

« Comment ça marche une fille ? »

« Ma copine, elle veut jamais, qu'est-ce que je pourrais faire ? »

« On a fait l'amour, j'ai peur d'être enceinte. »

« J'ai oublié ma pilule et on a fait l'amour, est-ce que c'est grave ? »

« Comment on attrape le sida ? »

« Je pue de la bouche, les filles veulent pas sortir avec moi. »

« Quand je cours, je suis essoufflé, je fume un peu. »

« Si je suis enceinte, comment je vais le dire à mes parents ? »

« Comment dire à mes parents que je fume ? Je voudrais m'arrêter avec le truc, patch nicitique... »

« Comment on fait pour maigrir, est-ce que fumer ça fait maigrir ? »

« Qu'est-ce que c'est la dysmorphophobie ? »

« Je suis moche. »

« Je déprime grave, mon copain m'a quittée. »

« J'en ai marre, j'ai plus envie de rien. »

« Je vais vous passer quelqu'un qui est en train de pleurer. »

« Je suis en BEP bûcheron, je veux pas faire ça. »

« Mes copines arrêtent pas de me cracher. »

« Je suis dans une nouvelle classe, tout le monde se moque de moi parce que je suis rousse. »

Ce qu'ils disent aux écoutants de Fil Santé Jeunes

De l'entrée au collège à leur début dans la vie active, en passant par l'étape primordiale du lycée, qu'il s'agisse d'enseignement général ou professionnel, ils parlent sur Fil Santé Jeunes. Chaque jour plusieurs centaines de jeunes racontent leur corps avec ces « trop » et ces « pas assez » ; corps qui réagit sans prévenir, rougeurs, boutons, transpiration, pertes, érection, corps qu'il faut apprendre à connaître, à entretenir, à protéger, à soigner.

Le monde environnant n'a plus rien à voir avec ce qu'ils en avaient imaginé enfants. Ils ont tant à dire et à interroger sur ce qu'ils vivent et sur leur avenir. Les problèmes d'ordre relationnel et psychologique les perturbent. La relation amoureuse envahit leur imaginaire et leur quotidien, de la rêverie au questionnement technique.

Les jeunes appelants demandent à mieux connaître leur corps pour pouvoir identifier ses besoins. Savoir s'ils sont « normaux » est quasiment pour eux une obsession. Ils doivent et souhaitent apprendre à faire le tri dans leurs symptômes. Taille, poids, forme des seins et des organes génitaux extérieurs, pilosité, pertes, règles, éjaculations, autant de raisons de s'inquiéter. Comment trouver une norme ?

Maux de tête, de ventre, de dos, mal partout, dans les articulations, comment savoir si c'est grave ?

À les en croire, leurs parents sont las de leurs plaintes et tout devient prétexte à conflit. De toute façon ils n'ont plus envie d'être soignés comme des bébés, de répondre à leurs interrogatoires. Malgré tout, un problème d'ordre somatique impose la plupart du temps un recours au médecin qui risque d'obliger à en passer par les parents.

Elle a 13 ans : « Je viens d'avoir mes règles, je veux pas le dire à ma mère, c'est quand même un truc à moi. »

Elle a 15 ans : « Je suis vraiment grosse, à l'école, je mange rien pour pas qu'on se moque. Quand j'arrive à la maison, je ne peux plus m'arrêter. Mes parents, ils me disent : Mais non, t'es belle. »

Dans cette période de réajustement, de secret, d'intimité à protéger, faire part à un parent de ce qui motive le besoin de consulter peut être gênant à formuler. À l'âge où grandir signifie devenir autonome, responsable, demander la permission et « tout dire » est vécu comme une régression. Le médecin dit « de famille », au premier abord perçu comme trop proche des parents par le jeune, demeure le plus accessible, celui avec qui très tôt peut s'acquérir la capacité à prendre en charge sa santé. Quand il admet et envisage une consultation avec lui, l'adolescent interroge sur le secret médical : le médecin répétera-t-il le contenu de la consultation à ses parents ? Dans un deuxième temps, il reconnaît qu'il osera lui demander conseil au-delà du strictement médical.

Il est suggéré aux plus jeunes, dès les premiers signes de puberté qui les troublent, de demander à leurs parents de les laisser seul avec le médecin quand il ausculte. La réticence de ces derniers est attendue, mais souvent possible à vaincre. Pour les adolescents dont la puberté est plus avancée, il leur est proposé, pour préserver leur intimité, de s'habituer et d'habituer leurs parents à ce qu'ils consultent seuls quel que soit le motif de la visite, rhume, mal de dos ou MST. Il ne s'agit bien sûr pas de minimiser l'importance d'une relation confiante entre parents et adolescents, mais plutôt d'éduquer progressivement l'adolescent à l'accès aux soins. S'il n'a pas à justifier sa démarche de soins, l'adolescent consulte plus facilement. Le paiement des soins se révèle simplifié par ces pratiques de confiance réciproque.

Le médecin, s'il est reconnu dans sa place de tiers familier, favorise l'expression d'une difficulté personnelle familiale. Il peut aussi aider à restaurer un lien perturbé avec les parents.

En 2000 une enquête, réalisée auprès de 1 200 adolescents de 15 à 17 ans et de leurs parents dans la région lilloise, indique que 72,5 % des jeunes estiment que le secret médical devrait être opposable aux parents, lesquels ne sont d'accord que dans 27,5 % des cas. Dans la même enquête 87,6 % des parents accompagnent leur enfant adolescent en consultation et 75,4 % entrent avec lui dans le cabinet, 22,4 % sont choqués si le médecin leur demande de sortir. Cela illustre les ambiguïtés afférentes à l'âge qui est pourtant celui du lycée, et de la veille de leur majorité.

Les difficultés et les craintes exprimées envers la consultation médicale sont entendues, discutées puis dédramatisées. Se racontent la peur de l'auscultation, d'avoir à se déshabiller. S'ajoute une impossibilité à trouver une formulation pour circonscrire le problème. Les termes physiologiques, médicaux sont inconnus, ceux plus familiers semblent ridicules. Le langage crû voire grossier semble plus juste ou plus protecteur, se référant aux codes partagés avec les copains mais peu utilisable face à un professionnel. À l'âge où verbaliser un ressenti se révèle un exercice ardu, décrire sans détour des symptômes ou des inquiétudes touchant au corps met à mal la pudeur et paralyse la pensée. L'entretien téléphonique permet de libérer, pêle-mêle, ces appréhensions puis de projeter une visite au médecin. La consultation est préparée, l'écoutant conseille de noter questions, dates ou autres indications nécessaires avant la visite.

La plupart des jeunes qui appellent ignorent l'existence des centres de planification et leur accès anonyme et gratuit pour les mineurs. Ceux-ci, utiles en matière de contraception et de dépistage des MST (maladies sexuellement transmissibles), ne sont pas supposés intervenir dans d'autres champs de la santé, cependant habitués à recevoir des jeunes et en particulier des mineurs, ils élargissent leur écoute et orientent de la façon la plus adéquate. De plus en plus fréquemment, les personnels de ces lieux se déplacent pour animer des actions d'éducation à la santé dans les établissements scolaires.

Elle a 16 ans, appelle entre deux cours du collège : « J'ai une irritation, ça me pique, j'ai des pertes, j'ai peur d'aller chez la gynéco... le médecin qu'est-ce qu'elle va me faire, il paraît qu'elle entre un truc... qu'est-ce que je pourrais faire ? »

Elle a 15 ans, dit sa difficulté à s'accepter : « Je suis toujours rouge sur le visage, j'ai entendu une copine de ma mère dire que la dermato pouvait brûler les rougeurs. Je n'ose en parler à personne, je suis très timide... »

Elle a 19 ans, sort de chez son médecin : « Il m'a donné la pilule, j'ai rien compris, si je l'oublie qu'est-ce que je dois faire ? »

Les adolescents contactent Fil Santé Jeunes avant une consultation, mais aussi après pour s'entendre confirmer ou expliquer les dires du médecin traitant. Ils expliquent leur désarroi face au médecin. Ils n'ont pas pensé, pas osé poser les questions utiles. Ils ont aussi besoin de multiplier les questions, de les répéter. C'est en arrivant chez eux que les interrogations surgissent, le recours à une ligne intitulée santé est pratique.

La sexualisation progressive des collégiens

Les plus jeunes, collégiens, dans une sexualisation progressive, peu enclins à toutes formes de frustration sont en difficulté dans un passage où leurs questions sur le « faire » ne trouvent que des réponses insatisfaisantes. « Comment on embrasse ? », « Comment lui dire que je l'aime ? », « Comment faire pour qu'il me choisisse ? », « Comment on fait l'amour ? », « Qu'est-ce qu'il faut se dire quand on a fait l'amour ? ». Ils sont déçus par l'imprécision des conseils qu'ils trouvent sur Fil Santé Jeunes mais aussi dans les livres, à la radio, à la télévision. Ces « comment » dissimulent des « pourquoi ? », « à quoi ça sert ? ». Ils soulignent la complexité à penser la sexualité [1].

Malgré le flot d'images et de termes déversés sur le rapport sexuel, il subsiste des zones d'incertitude et d'ombre pour ce qui est d'approcher, de toucher l'autre. À l'époque où l'on diabolise l'accès des adolescents aux images pornographiques, beaucoup d'entre eux se posent des questions élémentaires comme l'incontournable : « Comment on embrasse ? » Cela montre la projection de la société adulte sur les adolescents et renseigne sur leurs préoccupations réelles, quand bien même ils regarderaient des images pornographiques, à la télévision, sur des cassettes vidéo ou surtout sur Internet.

La curiosité des jeunes appelants se teinte de culpabilité parfois, d'excitation souvent. La peur de l'inconnu, de ne pas y arriver est la plupart du temps présente.

Avoir envie d'embrasser, d'être embrassé(e), c'est avoir envie d'exprimer et de sentir une attirance amoureuse. C'est aussi, moins consciemment, commencer d'agir une séparation avec les parents.

Rêver du premier baiser, c'est déjà anticiper l'acte sexuel. L'entrée dans une sexualité génitalisée signe

1. J.L. Cebula et D. Lauru, « Sexualité », in *Enfance et psy*, n° 17, Érès, 2001.

l'accès à une autonomie d'adulte. Au-delà du partage d'intimité quotidienne avec la famille, une autre forme d'intimité devient possible avec quelqu'un de « mal connu », l'autre, de l'autre sexe. Avec celle-là, ou celui-là, les corps vont se rapprocher, comment, jusqu'où, pourquoi, pour quoi faire et quoi dire ? La rêverie à propos de la rencontre s'infiltre à tout moment, en cours, le soir avant de s'endormir... L'excitation sexuelle étrange survient, envahissant le mode de fonctionnement habituel.

Le mystère de la relation amoureuse, la découverte de l'amour sans réciprocité assurée, étape éprouvante comparée au temps tranquille de l'amour inconditionnel des parents, perturbent le quotidien.

Les pairs sont presque toujours présents dans le discours, leur approbation est primordiale, sortir avec un garçon ou avec une fille, c'est avant tout être objet de la considération des copains. Être choisi par un élu du groupe, c'est être intégré, renarcissisé, réparé, comme si s'aimer passait à cet âge par être aimé de l'autre sexe et du groupe. Les « meilleures amies » sont partie prenante dans les décisions amoureuses même si, et surtout si, du statut de meilleures amies, elles passent souvent à celui de rivales.

À cet âge, le comportement est grégaire : l'une a embrassé un garçon, les autres se doivent à leur tour d'embrasser un de leurs congénères ; l'un a fait un test de dépistage sida, pas forcément justifié, les autres sont prêts à en faire un.

Rêveries, sorties, jalousies, conflits font de la scolarité une préoccupation mineure de l'instant, au grand dam des parents. C'est la grande question de l'amour qui occupe plus que tout. Si les notes demeurent un souci et si l'échec scolaire est mal vécu, c'est par souci des réactions des parents.

Elle a 14 ans, est en quatrième, ça va mal, elle ne s'entend plus avec sa meilleure amie. Il y a un nouveau dans leur classe, un Parisien. Elle s'est assise à côté de lui, elle l'a aidé à se repérer dans l'établissement et dans la ville. Ils faisaient le chemin ensemble le soir pour rentrer, lui, elle et la meilleure amie. Elle aurait bien aimé sortir avec ce garçon. Elle l'a dit à son amie puisqu'elles se disaient tout. Mais il ne s'est rien passé. La semaine dernière, ils sont allés au cinéma et son amie et le garçon se sont embrassés devant elle. Elle était gênée et triste. Elle ne savait pas ce qu'elle devait faire. C'était comme si elle n'existait plus. Depuis, elles se parlent rarement. Le garçon a la même attitude qu'avant, il ne s'occupe pas beaucoup d'elle. Avec les parents, ce n'est pas drôle non plus. Ils ne sont pas disponibles, ses petites sœurs jumelles prennent tout leur temps. Elle aimerait bien qu'un garçon soit amoureux d'elle. Ça viendra, mais quand ?

Les plus jeunes appelants se projettent peu dans un avenir de grand adolescent. Ils évoquent leurs parents, se préoccupant de leur éventuel assentiment ou colère s'ils venaient à savoir qu'ils pensent à des relations sexuelles. Cette présence des parents dans leur tête les agace, leur « prend la tête », mais ils imaginent mal être indifférents à leur opinion. Ils manifestent ainsi leur immaturité psychique en inadéquation avec leur développement physique. Ils ne sont pas prêts pour une sexualité active et pourtant tout les y incite : camarades, média et parfois même parents pressés et/ou anxieux qui préfèrent anticiper ces moments du passage adolescent qui les troublent tant. C'est le temps de la mise en place du fantasme, temps à respecter pour différer la réalisation de l'acte.

Il est très jeune, sa voix est encore mal placée et mal assurée, il appelle pour faire part de ce qui le préoccupe. Hier soir il a fait l'amour avec la jeune fille qui garde son petit frère. Ils ont regardé une cassette porno et c'est arrivé. Ce qui le tracasse, c'est d'imaginer l'avis de ses parents, surtout de sa mère. Serait-elle fâchée, va-t-elle deviner, doit-il lui dire ? Il ne ment pas beaucoup à ses parents, il se sent très coupable.

Ce très jeune homme rassuré par l'écoutante ne paraît pas assez mature pour assumer un rapport sexuel. Il s'est « laissé entraîné » et réagit comme un petit garçon, pas comme un jeune homme pubère fier de sa première expérience.

La première fois...

Beaucoup de premières fois jalonnent une vie, il en est pourtant qui marqueront plus que d'autres et en particulier celles qui concernent la rencontre amoureuse.

L'attirance, l'inquiétude parfois teintée de dégoût s'entremêlent. Au téléphone, ils osent manifester crûment cette répulsion. Ce rapprochement, qui commence par le baiser amoureux, touche ailleurs et autrement que les baisers de tendresse échangés jusqu'alors. Le mouillé de la salive renvoie à la représentation d'autres liquides produits par le corps.

Les maladies, dont la prévention fait état, réalité dangereuse mais mesurable, mais aussi la fusion, la perte de soi dans l'autre, plus fantasmatiques, constituent des craintes envahissantes. Pour dire leur appréhension, à la lisière de ces premiers emballements amoureux, ils utilisent le terme « emballer » qui désigne le premier baiser avec celui ou celle qui les attire.

Sorti de la petite enfance, le prépubère avait l'illusion d'à peu près maîtriser son corps et son environnement. Il relate plus ou moins confusément ce que lui impose la puberté. Déstabilisé, il redoute un retour en arrière, au temps où tout l'attachait. Si cette dépendance recommençait, il deviendrait prisonnier. Ambivalent, il souhaite et repousse la rencontre amoureuse. Il rejette tout ce qui ressemble à de l'emprise sur lui. Son vocabulaire traduit sa difficulté à se laisser aller à des sentiments tendres. Il privilégie des mots qui instrumentalisent l'autre, parlent du « truc », demandent comment « ça marche » ?

Après le temps des premiers baisers arrive celui d'une autre première fois, celui du premier rapport sexuel. Il « marque », fait césure avec la position d'enfant dans la famille. Supposé se passer à un moment de plus grande maturité, il est appréhendé avec moins d'agitation et plus de gravité que le premier baiser. Plus tard il est remémoré aisément, acte plus « marquant » que les premiers émois troublants, inconfortables, enfouis dans la mémoire et pourtant fondateurs.

La vie amoureuse des grands adolescents

Grandissant, au lycée, en apprentissage, presque ou déjà majeurs, encore insécures, instables, s'adaptant avec plus ou moins de facilité à un corps presque adulte, aux désirs amoureux, ils se confrontent à la question de la séduction. La rencontre amoureuse vers un autre singulier, différent, existant hors le groupe des pairs, hors le regard parental, se profile dans un mélange inconfortable de craintes, de gêne, de romantisme, de violence. L'amour déjà présent dans les conversations amicales peut se dire dans la relation amoureuse. Les amitiés changent, se complexifient, le groupe se construit sur des centres d'intérêt commun, autres que la sexualité. Aller vers l'autre signifie prendre des risques : risque d'être capté, risque du rejet, du chagrin, de l'erreur, risque aussi de se rencontrer soi et de ne pas toujours s'aimer, risque de renoncer au paisible de l'enfance, assorti de toutes ces protections.

Elle appelle à 8 heures un lundi matin. Elle n'a pas dormi. Elle voudrait comprendre pourquoi son ami l'a quittée. Ils s'entendaient si bien. Elle a 21 ans et lui 22. Ils voulaient vivre ensemble.

Les filles disent leur besoin d'affectivité pour s'autoriser des sensations de plaisir. Elles plient trop souvent aux désirs de leur ami, « Si je ne lui fais pas plaisir, si je ne fais pas ce qu'il demande il ne va plus m'aimer, il va me quitter ». Elles n'osent pas dire non.

Les garçons ont du mal à s'entendre dire non, gérant mal leurs envies et doutant de leur séduction eux aussi. Leurs appels sont motivés par le besoin d'être rassurés sur leur capacité sexuelle : « Je suis impuissant », « J'ai peur de pas y arriver », « J'ai peur qu'elle se moque de mon sexe ».

Garçons ou filles, en proie à des sensations corporelles curieuses ou des idées qui leur paraissent totalement saugrenues, ils ne savent que faire : « Ne suis-je pas un obsédé sexuel du fait de fantasmer de telles images sexuelles à longueur de journée ? », « Suis-je une prostituée pour ressentir des désirs à l'égard d'un garçon et fantasmer des scènes tendres ou érotiques ? ».

Tous questionnent les écoutants sur le préservatif. « À quel moment en parler ? », « Comment le mettre ? », « Que faire s'il explose ? », « Quand peut-on ne plus mettre de préservatifs ? », « Est-ce obligé de faire un test puisqu'on a confiance ? ».

La contraception et ses échecs

De nombreux appels traitent de la contraception orale. Les idées fausses sur la pilule subsistent. Les jeunes filles veulent comprendre : « Qu'est-ce que c'est ? Comment ça marche ? » Elles craignent de s'empoisonner, de grossir, d'avoir un cancer, de devenir stériles. Plus dramatiquement, certaines croient que la pilule protège des MST et entre autres du sida.

Au-delà d'une information sur le mode d'emploi et les effets de la pilule, les jeunes appelantes posent la question de parler ou non contraception avec leur mère, autrement dit de la tenir au courant de leur sexualité. Souvent, c'est la mère qui bien avant l'heure a donné les premières explications et incité à la confidence à venir. Quand la question devient d'actualité, comment faire ce que l'on sent bien pour soi, sans la trahir ? Comment préserver son intimité, son histoire d'amour avec un garçon si elle s'interpose ?

Une enquête sur la contraception menée en 2000 sur Fil Santé Jeunes auprès de 1 531 filles et 259 garçons mentionne qu'une fille sur deux ne parle ni de contraception ni de sexualité avec ses parents. Ce constat s'est confirmé en 2001 dans une seconde enquête. Les jeunes qui peuvent parler de sexualité avec leur mère ont également reçu d'elle des informations sur la contraception. L'opinion favorable des parents sur la contraception est un facteur agissant sur le comportement des jeunes gens en particulier des jeunes filles. On peut imaginer que l'accord réel ou simplement imaginé des parents favorise une bonne observance en matière de contraception.

Il arrive que des jeunes, individuellement ou en couple, appellent quelques heures avant leur premier rapport sexuel pour s'enquérir des précautions à adopter.

Les oublis de pilule, les vomissements, tout comme les « accidents » de préservatifs, font fréquemment conseiller la pilule du lendemain. Dans l'enquête précitée, 85 % des jeunes disent connaître la contraception d'urgence et plus de 30 % l'ont déjà utilisée. L'entretien immédiat, anonyme, permet de réagir vite, dans un temps proche de l'acte sexuel. Les circonstances exactes sont précisées avec moins de gêne. Les préservatifs semblent beaucoup « craquer », reconnaître qu'ils n'ont pas été utilisés serait presque être pris en faute.

Une fille de 16 ans se renseigne : « C'était pour savoir "sous" combien de temps on peut utiliser la pilule du lendemain après un rapport. »

Une fille de 20 ans demande : « Au bout de combien de temps sent-on les effets secondaires de la pilule du lendemain, je me sens bizarre ? »

Une fille de 16 ans s'inquiète : « J'ai pris la pilule du lendemain et je saigne un peu. Est-ce que c'est normal ? »

Un garçon de 19 ans est embarrassé : « On a fait l'amour tout à l'heure et le préservatif a craqué. Quel est le délai pour prendre la pilule du lendemain, comment se la procurer ? »

Les jeunes filles s'inquiètent après un retard de règles qui peut être extrêmement court ou au contraire dépasse plusieurs semaines. C'est probablement souvent à tort qu'elles s'alarment. On peut imaginer que nombre d'entre elles auront leurs règles quelques heures après l'appel. Elles jouent plus ou moins dangereusement avec l'idée d'une grossesse.

L'homosexualité

L'homosexualité est un thème fréquemment abordé sur Fil Santé Jeunes, le secret du téléphone facilitant l'expression des doutes, des fantasmes. Nombreux sont les jeunes qui ont besoin d'être rassurés sur le caractère transitoire, à cet âge, d'expériences homosexuelles. Outre les interrogations sur les rêves, les attirances qui ne présagent pas souvent d'une homosexualité avérée, se pose pour certains la question d'un avenir différent de celui attendu familialement. « Comment le dire à mes parents ? », « J'ai peur d'être découvert et de faire de la peine à mes parents », « J'ai peur de perdre mes copains ». Les entrées dans une vie homosexuelle sont difficiles à assumer.

Les moments inconfortables de malaise : « mal à la vie »

L'essentiel des difficultés relationnelles des collégiens est lié à l'acceptation de leurs ressentis, à l'intégration sociale mais aussi aux multiples négociations et aménagements familiaux. Le mal-être dont ils font état revêt majoritairement la forme d'un ennui, d'une morosité.

Les chagrins d'amour sont douloureux, favorisant des passages dépressifs à prendre au sérieux. Malheureusement, les appelants se plaignent du mépris que provoque leur tristesse. Chez bon nombre d'entre eux, la rupture amoureuse réveille des difficultés passées qu'ils sont plus ou moins aptes à supporter.

Rares sont les jeunes adolescents de moins de 15 ans qui relatent un malaise inscrit dans une histoire familiale. C'est un peu plus âgés qu'ils verbalisent des difficultés de longue date qui deviennent envahissantes. Ils se souviennent d'un malaise remontant à l'enfance, ils se mésestiment, se sentent humiliés, leurs idées noires peuvent être des idées suicidaires. Fréquemment, ils évoquent un événement récent déclencheur de leur malaise : conflit grave, séparation, deuil. Parler avec un « psy » au téléphone leur permet de démêler ce qui relève du présent qu'ils doivent traverser soutenu par un proche et ce qui relève d'un mal de vivre installé depuis longtemps qui nécessite l'aide d'un professionnel.

Si pour les adultes le recours au psychologue ou au psychiatre est synonyme de folie, pour les adolescents il est plus aisément admis. Néanmoins, le repérage et l'adresse restent complexes : qui fait quoi ?

L'univers des « psy » rassemble toute une série de compétences variées. Le psychiatre (ou le pédopsychiatre, psychiatre pour enfant ou adolescent) est un médecin spécialisé. Il a fait huit ans d'études supérieures complétées par trois ans de spécialisation. En tant que médecin, le psychiatre est le seul « psy » à pouvoir prescrire des médicaments. Ses consultations peuvent être remboursées par la Sécurité sociale. Il a la possibilité, s'il le souhaite, de compléter sa formation pour devenir psychanalyste. La psychanalyse n'est pas toujours remboursée, même si elle se pratique avec un médecin. Le psychiatre, en tant que médecin, est le mieux placé pour traiter une dépression. Il traite aussi les troubles du comportement. Tous ces cas peuvent nécessiter la prescription temporaire de médicaments. Le psychiatre affronte le problème à plusieurs niveaux. Par des médicaments, il cherche à atténuer la souffrance immédiate ; par la parole, il la traite dans la durée.

Le psychologue a un diplôme universitaire, un DESS de psychologie clinique (bac + 5). Il peut compléter sa formation par une psychothérapie analytique, dite travail sur soi, pour devenir psychothérapeute, ou par une analyse pour devenir psychanalyste. Ses prestations sont gratuites dans les structures publiques. Les consultations privées, « en ville », ne sont jamais remboursées. Le psychothérapeute a reçu une formation de psychothérapie non reconnue par un diplôme et a effectué un travail sur lui. Ses consultations ne sont jamais remboursées.

Le psychanalyste n'est pas nécessairement médecin ou psychologue.

La conseillère conjugale et familiale, l'assistante sociale et les autres professionnels de santé qu'on trouve dans les établissements scolaires ou dans les lieux de consultation et d'orientation des jeunes ont reçu une formation à l'écoute du terrain. Leur compétence s'exerce en quelques entretiens.

Une psychothérapie est une démarche, un engagement difficile. Il y a des résistances à surmonter pour oser se remettre en cause. Les premiers entretiens servent à débrouiller la situation, à réfléchir aux questions qui posent problème dans un contexte d'envahissement par des émotions confuses.

Une psychothérapie, c'est un engagement mutuel avec des rendez-vous réguliers pour une durée de quelques mois voire un an ou deux. La psychothérapie revêt plusieurs formes qui passent par le dialogue.

L'isolement constitue une des principales causes du mal-être évoqué par les grands adolescents. Fortes tensions familiales ou nécessité géographique les privent d'un soutien familial. Ce manque se conjugue avec une mauvaise communication entre amis, avec les enseignants ou encore avec l'entourage professionnel.

Elle appelle d'une grande ville universitaire de province. Elle a 19 ans, elle parle beaucoup, remplit l'espace de l'entretien. Elle explique ses crises de boulimie, son besoin incontrôlable de se remplir sinon elle a l'impression de perdre pied. Avant, quand elle habitait chez ses parents, tout était si facile, bien organisé. Elle allait au lycée, prenait ses repas en famille, voyait ses amis d'enfance. Ici tout est nouveau, elle ne connaît personne, le soir, le week-end, elle reste seule et là, elle n'en peut plus, elle n'arrive plus à gérer...

Plus ils se décrivent autonomes, plus les appels sont longs, avec une tonalité plus grave. Honte, culpabilité, crainte de passer pour fou entravent les démarches pour se faire aider, soigner.

Ce qui ne se manifeste pas à travers un symptôme physique est encore plus pénible à verbaliser. Le mal-être, quand il se révèle envahissant, doit être confié pour être soigné. Si le médecin est identifié par le jeune comme le professionnel qui soigne le corps en souffrance, il lui paraît moins évident de l'interpeller pour des problèmes intimes qui ne nécessitent pas toujours soins et prescriptions. Le psy, mal connu, revêtu d'une imagerie romanesque ou pathétique est difficile à trouver. Qui plus est, il est onéreux s'il exerce en cabinet privé. Pourtant après avoir énoncé tous ces obstacles à une consultation, le jeune appelant note une adresse ou, rassuré, va demander de l'aide au généraliste qui saura l'orienter s'il le faut.

Une jeune fille de 19 ans décrit son mal de vivre : « Je m'énerve tout le temps à la maison, je crie, je ne supporte plus rien, j'ai envie de frapper. Ma mère me dit que je suis folle et que je dois aller chez le psychiatre. En fait je me déteste. Je ne suis jamais invitée quand les autres se retrouvent le soir. De toute façon le samedi, je suis crevée. Pour aider ma mère, je suis caissière tous les samedis. Je suis en BTS, c'est dur. Ma mère est en dépression, elle prend des médicaments. Moi, je n'en prendrai jamais. »

Après vingt minutes d'entretien, un peu apaisée, elle note des adresses. Elle consultera peut-être un psychologue.

Les appelants parlent de leurs parents

Dans bon nombre d'appels, les adolescents évoquent leurs relations avec leurs parents. Ils leur « prennent la tête », les empêchent, mais ils ont aussi besoin de leur approbation. Dans un va-et-vient permanent entre le dedans et le dehors de la maison, c'est en famille qu'ils puisent encore de nombreuses ressources. Quand ça va mal, les parents demeurent un recours et un réconfort primordiaux. Cependant, de façon surprenante, les sujets qui sont les plus discutés en famille ne sont pas ceux qui préoccupent le plus les adolescents.

Une enquête menée en 2002 par la Fondation de France et l'École des Parents et des Éducateurs d'Île-de-France confirme ce constat. Menée auprès de 1 265 jeunes appelants de Fil Santé Jeunes et de 350 parents d'Inter Service Parents, cette enquête initiée par la Délégation interministérielle à la Famille interroge à propos de l'exercice de la parentalité. Elle a mis en évidence quelques différences de points de vue entre enfants et parents tout en présentant les relations familiales comme un ensemble cohérent dont les uns et les autres sont plutôt satisfaits. Toutefois lorsque ces relations se dégradent, rien ne va plus, ce qui arrive surtout entre 16 et 18 ans.

Delphine Viguier, médecin de santé publique, responsable de l'enquête, présente plusieurs constats :

— la vie amoureuse et la toxicomanie restent des sujets peu abordés en famille : plus de la moitié des adolescents interrogés déclarent ne jamais parler de la vie amoureuse ou de la consommation de toxiques avec leurs parents. Les sujets de discussion évoluent avec l'âge : la scolarité laisse peu à peu la place à d'autres thèmes, cependant elle est de nouveau très présente pour les 18-19 ans ;

— les réponses liées au rythme des discussions montrent que les parents ont toujours le sentiment de dialoguer plus « fréquemment » avec leurs enfants que ces derniers qui souvent évoquent un manque d'échange. Quel que soit le sujet, les pères discutent moins souvent avec leurs enfants que les mères ;

— des sujets de conflit différents existent selon les parents et les jeunes qui ne perçoivent pas les mêmes sujets comme sources de conflits. Pour les jeunes appelants, les sujets de discussion les plus conflictuels sont ceux dont on parle peu ou pas du tout ; pour les parents interrogés ce sont ceux dont on parle souvent. Du côté des parents, la scolarité est le sujet qu'ils considèrent le plus conflictuel (39 % des réponses) ; du côté des jeunes, il s'agit de la vie amoureuse et de la consommation de toxiques, qui sont peu abordés. Ainsi, plus de la moitié des jeunes, essentiellement des filles, qui ont cité la vie sentimentale comme le sujet le plus conflictuel, déclarent ne jamais en parler avec leurs parents. Ces réponses confortent Fil Santé Jeunes dans son utilité en tant qu'espace de parole pour les jeunes sur les sujets ou l'échange avec les parents et le plus difficile. En effet, un entretien sur deux concerne la vie amoureuse tandis que la scolarité est très rarement un motif d'appel ;

— le mal-être est pour 42 % des parents interrogés le principal sujet d'inquiétude concernant leurs enfants. Selon 33 % des jeunes appelants, avoir un meilleur moral pourrait beaucoup aider leurs parents.

Philippe Jeammet, professeur de psychiatrie, spécialiste de l'adolescence, insiste sur le fait que les adolescents sont toujours particulièrement sensibles au moral de leurs parents : « Toute manifestation dépressive de leur part les touche et les inquiète. Il ne peut en être autrement. Les parents sont en effet les garants de la confiance dans l'avenir. Il est difficile pour un adolescent de rester confiant si ses parents ne partagent pas cet espoir. » Il ajoute : « Quant aux parents, il paraît assez logique que le mal-être de leur adolescent soit leur souci principal ; ce mal-être est la source de tous les autres problèmes, en particulier des troubles du comportement. »

En conclusion, cette enquête confirme l'importance d'une estime partagée à l'intérieur d'une famille, ce malgré les divergences d'opinions et les moments d'opposition inhérents à la période de l'adolescence.

La place de l'actualité sur Fil Santé Jeunes

Le calendrier influence le flux des appels et leur contenu. Les premiers jours de la rentrée scolaire, la moyenne quotidienne d'appels reçus baisse. À la rentrée universitaire et pendant les fêtes de fin d'année, les difficultés de séparation émergent plus qu'à l'accoutumée. Les vacances d'été sont l'occasion de manifester massivement, tant en nombre d'appels qu'en déversement d'insatisfaction, la frustration générée par ces parenthèses attendues et décevantes. L'ennui, la perte des repères liés à la vie scolaire poussent à s'emparer du téléphone pour s'y plaindre. L'été voit aussi son lot d'appels à propos des amours de vacances, heureux ou malheureux, avec son cortège de questions sur les prises de risques d'ordre sexuel.

Ainsi, la constance des préoccupations adolescentes dans le registre de l'intime s'oppose à l'inconstance de l'actualité dans le registre du social. Le jeune se livre au téléphone, donne à entendre sa vie privée. Ce faisant, il la transfère dans un espace public, publiant qu'il devient adulte et autonome. Le téléphone, lieu d'expression privilégié du privé, offre une opportunité de le rendre public. En cela, il séduit les jeunes qui choisissent de ne pas l'utiliser pour des échanges déjà portés sur la place publique.

Depuis la création de Fil Santé Jeunes, aucun événement de l'actualité n'a suscité une inflation des appels. Ce phénomène paraît à première vue intrigant.

En plus de sept années d'activité, certains faits ont marqué, tant le quotidien des adultes que celui des adolescents. Ainsi, les grèves des transports publics en

1995, la mort de Lady Di en 1997, les succès de l'équipe de France lors de la Coupe du monde de football en 1998, les attentats du 11 septembre 2001 à New York et Washington, pour ne citer que quelques faits, n'ont eu que peu d'écho dans les entretiens. Dans le registre de l'actualité médicale, la crise dite de « la vache folle » n'a provoqué aucune question, alors que les débats consécutifs à la vaccination contre l'hépatite B, maladie sexuellement transmissible, ont soulevé inquiétudes et questions. Ces remarques ne signifient pas que les jeunes sont insensibles à l'actualité, mais plutôt qu'ils choisissent d'y réagir dans d'autres lieux que l'espace privilégié du téléphone. Bien évidemment, des sujets d'actualité, aussi médiatisés que ceux cités, ont initié des discussions en famille et avec le groupe de pairs. Le thème alors débattu a fait office d'objet commun qui rassemble et divise. Bien souvent, il s'est vécu à plusieurs, plus qu'il n'a été pensé. Verbaliser ses doutes sur l'alimentation ne résonne pas comme faire part de craintes et fantasmes autour de maladies sexuellement transmissibles, telles que l'hépatite B ou le sida. Un propos peut se tenir sans risque devant tous, l'autre expose une part d'intimité.

Les émissions télévisées qui traitent des sujets qui rejoignent les préoccupations internes des jeunes, par exemple la sexualité, l'anorexie, le suicide, suscitent massivement des appels. En effet, si l'adolescent trouve plus ou moins des interlocuteurs avec qui partager des inquiétudes ayant trait à l'actualité externe, il ne sait vers qui se tourner pour parler de sa propre actualité, celle qui le bouleverse, celle, interne, du processus adolescent.

Conclusion

L'adolescent est en devenir. Il est tourné vers l'avenir, en chemin vers l'âge adulte. Son environnement et ses besoins vont se modifier. Il va entretenir un rapport sans doute moins étroit au téléphone. Son besoin immédiat de recourir à l'autre, de se confier autant, de tellement s'épancher, changera de registre. Il ira s'amoindrissant au fur et à mesure qu'il se dégagera de la dépendance à la référence parentale. Bon nombre de jeunes adultes s'attarderont dans cette dynamique, ils deviendront des « accrochés » du téléphone, dépendants de la voix de l'autre, faute d'avoir sa présence.

Une jeune femme entre 25 et 30 ans demandait de façon anxieuse si ce qui était décrit comme relation de l'adolescent au téléphone était encore normal à son âge ? Elle se retrouvait pleinement dans ce qui était décrit dans cet ouvrage.

Quand finit-on d'être un adolescent ? Quand cesse-t-on d'entretenir un rapport adolescent au téléphone ? Le téléphone en général, le portable en particulier incarnent la part adolescente qui demeure chez beaucoup d'adultes et resurgit dans un certain usage du téléphone. Il n'est pas seulement question d'une dépendance à l'objet, voire d'un besoin. Un déplacement s'opère vers une dépendance à l'autre, un besoin du contact. Le leurre de pallier ces manques par le canal du téléphone entretient une insatisfaction. Celle-ci induit parfois une véritable « téléphonomanie » se doublant d'une « téléphonophilie » tant chez l'adolescent que chez l'adulte.

L'explosion du portable est-elle un progrès dans la culture ? Si l'aspect utilitaire domine, les grandes sociétés ont su exploiter une intarissable source de profits. L'acquisition d'un portable, signe d'autonomie pour l'adolescent, marque son entrée dans notre société marchande. Avoir son téléphone portable dans la poche permet d'être branché en continu à Internet sur de multiples serveurs, sources d'informations, d'être prévenu de tout événement en direct. Le portable, c'est la génération adolescent, le « tout, tout de suite » et son illusion. Cette possibilité grisante devient un artifice si elle isole plus qu'elle n'insère dans la vie sociale et affective.

Des enquêtes sociologiques tendent à montrer que le téléphone contribue à l'intégration sociale dans des contextes de solitude ou de mise à l'écart[1]. Mais le téléphone pourra-t-il jamais remplacer la rencontre entre deux êtres humains ?

La vie qui se déroule au travers d'un combiné ou sur un écran est factice, virtuelle. Un adolescent se construit en se confrontant aux sensations agréables et désagréables, aux frustrations de la réalité.

L'influence du téléphone sur les comportements

1. Rivière C.-A., « Le téléphone, un facteur d'intégration sociale », in *Économie et statistiques,* n° 345, INSEE.

humains est perceptible. La technologie progresse, inventant de nouveaux « outils » de communication et pourtant nombre d'individus se sentent seuls et isolés. En témoigne la consommation des médicaments psychotropes, particulièrement élevée en France. Les « psy » de tout bord sont surchargés de demandes qui émanent aussi des adolescents.

Les innovations actuelles et celles à venir ne remplaceront pas le canal original du téléphone. La télévision n'a pas tué le cinéma, le visiophone, utile dans certaines pratiques professionnelles, ne se substituera probablement pas au téléphone. Leurs caractéristiques fondent leurs différences et préservent les intérêts spécifiques de chaque média. On écrit sur l'écran du portable, sur Internet. Les mots utilisés, la rapidité de certains échanges s'apparentent à ceux d'une communication orale mais l'implication est différente même si elle n'est pas moindre. Parfois la brutalité, la crudité de ce qui s'y livre surprend. L'outil Internet protège encore plus que le téléphone et favorise chez certains l'entrée en relation avec d'autres. Pour autant la voix au téléphone demeure plus « vivante », chaleureuse avec les sourires, les silences qui l'illustrent.

La téléphonie, pour sa part, tente de retisser du lien entre les individus, et aussi à l'intérieur des familles.

Si la téléphonie s'est révélée au grand public sous le jour caricatural d'un père Noël qui « est une ordure », ses multiples aspects sont souvent méconnus.

La téléphonie clinique relève d'un travail d'écoute très spécifique largement facilité par le média téléphone. L'intimité, la confiance s'établissent beaucoup plus rapidement que dans la vie courante, grâce à l'anonymat et à l'absence du regard. Ce type de pratique est en plein essor. Il convient donc de garder un cap éthique interdisant la pratique d'inopérantes « psychothérapies au téléphone ». Le simulacre de l'assistance psychologique est un autre écueil à éviter. Une charte de l'écoutant et un code de déontologie déterminent le cadre de travail et le repérage précis des échanges. Des écoutants formés, compétents, qui élaborent sur leur pratique de façon régulière et soutenue, garantissent une qualité d'écoute. Particulièrement avec les adolescents, ils veillent à ne pas répondre dans l'urgence, et à soutenir leurs interrogations. Le travail d'écoutant est délicat, parfois usant mentalement, tant il requiert une disponibilité de tous les instants, une vivacité de relance.

La nostalgie d'un dialogue familial, amical, demeure. À quand le retour des discussions parents-adolescents ? À quand le retour de la communication dans les espaces sociaux ? Ont-elles jamais existé ? Hier comme aujourd'hui subsiste un registre de l'indicible, de l'imparlable, d'où le recours au téléphone, à l'abri des regards.

L'âge adolescent conduit à « réapprendre » à parler et à échanger. La relation par la parole ne pourra jamais être remplacée par aucune technique. Un échange entre deux êtres humains, qu'ils soient adolescents, enfants, ou adultes, est irremplaçable et convient très naturellement à la dimension humaine du rapport entre deux êtres. La parole partagée lors d'une rencontre donne sa réelle dimension d'humanité de l'homme.

Postface

Nous pensions connaître les adolescents, quelle ne fut pas notre surprise à l'ouverture de Fil Santé Jeunes de les entendre s'exprimer avec leurs mots, pour nous raconter, jour après jour, leur quotidien. À partir de centaines de milliers d'entretiens avec eux, et de multiples réunions avec ceux qui les écoutent, leur répondent, nous avons eu envie de livrer à d'autres nos remarques, nos étonnements, nos questionnements à propos de ces jeunes au téléphone en insistant sur les particularités de cette relation.

Au fur et à mesure de nos réflexions, il nous est apparu que la spécificité tant du dialogue que de l'aide par téléphone ne s'applique pas qu'aux adolescents. En y « écoutant » de plus près, il nous a même semblé, que, dans certaines conversations entre adultes au téléphone, l'ancien adolescent se réveille. C'est bien souvent la jeune fille ou le jeune homme d'antan qui utilise ce média pour de longues confidences, dans un voyage intérieur hors temps, hors regard, à la découverte de l'autre mais surtout de soi.

L'intérêt porté à l'adolescence et au téléphone dont témoigne cet écrit est alimenté et soutenu par le travail « en équipe » des écoutants de l'École des parents et des Éducateurs d'Île-de-France. La volatilité des entretiens qui se succèdent depuis des années et les constats qui s'ensuivent prennent ici un peu corps. Nous remercions pour leurs contributions tous les membres des équipes et en particulier : Pierre Alisse, Marie-Catherine Chick, Chantal de Corbière, Nathalie Jeanjean, Caroline Lebrun, Anne Pesle, Nicole Pericone, Nadège Pierre, Pierre Poitou, Bérengère Porret, Lucile Vagnier, Delphine Viguier.

Merci à tous les adolescents qui appellent Fil Santé Jeunes, témoignant notamment des rapports complexes qu'ils entretiennent avec la parole.

Merci aussi à nos collègues des autres lignes avec qui nous échangeons fructueusement et régulièrement.

Annexes

À quel âge peut-on ?...

Les adolescents sont curieux de connaître leurs droits. Par téléphone, entre autres sur la ligne Fil Santé Jeunes, ils s'informent sur divers droits liés à leur âge.

Au cours de l'adolescence, la société accorde quelques autorisations à l'enfant qui grandit.

À moins de 13 ans, l'enfant peut faire l'objet d'une déclaration de culpabilité, mais ne peut être sanctionné pénalement. Il n'est accessible qu'à des mesures éducatives.

À partir de 13 ans, un mineur peut être condamné pénalement, si l'excuse atténuante qu'il ait moins de 16 ans est écartée (art. 66 du code pénal, Ord. n° 60-529 du 4 juin 1960).

C'est, en France, à partir de 13 ans qu'on peut entrer dans un café assorti d'une licence de première catégorie (boissons sans alcool). Avant 16 ans, il faut être accompagné d'un majeur assumant charge ou surveillance pour entrer dans un débit de boissons alcoolisées. *Quid* des boîtes de nuit ?

À partir de 15 ans, l'enfant, qui jusqu'alors pouvait accompagner ses parents dans les pays qui requièrent un passeport, doit avoir un passeport à son nom. Auparavant le mineur est inscrit sur le passeport de l'un ou l'autre de ses parents.

À 16 ans, le mineur peut être émancipé à la demande des personnes investies de l'autorité parentale. Il peut, avec l'accord de ses parents, passer le permis de chasse, le permis motocyclettes et cylindrées limitées à 125 cm^3 et peut prétendre à la conduite anticipée. Le brevet et la licence de pilote privé d'avion peuvent s'obtenir dès 17 ans ; le brevet et la licence de base de pilote peuvent se passer dès l'âge de 15 ans.

Si la jeune fille peut se marier à 15 ans, le garçon doit attendre ses 18 ans, même s'il est émancipé.

Entre mineurs de 15 à 18 ans, les relations sexuelles sans violence sont licites.

Avant 18 ans, seul le mineur émancipé a le droit de travailler sans l'accord tacite de ses parents, il a aussi la possibilité d'avoir compte en banque, chéquier et carte de crédit.

On peut le noter : avant 18 ans, peu d'autonomie est reconnue à l'adolescent. Même émancipé, il ne peut se marier, jouer au casino, voter. Le jour de ses 18 ans, il devient, au regard de la loi, citoyen à part entière. Est-il suffisamment préparé ? S'il est lycéen, les contraintes face à l'adulte restent importantes, il doit se soumettre sans discuter, et pourtant il est supposé voter avec discernement.

Les jeunes adultes questionnent sur l'obligation alimentaire. Ils souhaitent savoir quelle contribution financière ils sont en droit d'exiger de leurs parents pour subvenir à leurs besoins matériels. Il leur est rappelé que s'ils ont des droits, ils ont aussi des devoirs. La différence entre un droit et une obligation est fréquemment expliquée.

À ce jour un débat public s'est engagé en France à propos de l'autorité et des sanctions qui n'est pas sans rapport avec les points évoqués ci-dessus.

Quelques services de la téléphonie sociale

Les numéros à 3 chiffres et les numéros verts (0 800) offrent la gratuité de la communication téléphonique.

Les numéros azur (0 810) ne facturent à l'appelant que la première unité de communication au tarif local ; quelle que soit la durée de la communication une seule unité est facturée à l'appelant.

Les numéros indigo (0 802 ou 0 820) proposent un tarif unique à travers le territoire : appeler de province à Paris revient au même coût que d'appeler de Paris à Paris.

Une caractéristique de la téléphonie sociale est la gratuité du service rendu. Que les écoutants soient salariés ou bénévoles, quel que soit leur niveau de compétences l'entretien n'est sous aucune forme facturé à l'appelant.

Les numéros

Les numéros des lignes mentionnées sont nationaux. Localement certains ont des relais. C'est le cas de SOS Amitié. Par ailleurs, dans les régions, des services d'aide à vocation municipale, départementale ou régionale se multiplient. En général leur accès est limité à la population géographiquement précisée. En Île-de-France le conseil régional a cependant ouvert une ligne réservée aux lycéens des départements concernés tout en autorisant un accès aux autres régions.

Cette liste n'est pas exhaustive, elle mentionne les lignes qui ont commandé l'enquête « éléments de perception sur les services d'écoute et d'information à caractère social » au CREDOC (Collections des rapports, décembre 2001, n° 218).

Les services d'écoute à vocation généraliste

SOS Amitié : 0 820 066 066 49
Inter Service Parents : 01 44 93 44 93
Croix-Rouge Écoute : 0 800 858 858, n° vert
Fil Santé Jeunes : 0800 235 236, n° vert
Vivre son deuil : 01 42 38 08 08
Ligne Azur : 0 801 20 30 40, n° azur

Les services avec une orientation médicale

Drogue Tabac Alcool Info Service : 113
sida Info Service : 0 800 840 800, n° vert
Hépatite Info Service : 0 800 845 800, n° vert
Écoute Cancer : 0 810 810 821, n° azur
APF Écoute Handicap Moteur : 0 800 500 597, n° vert
Écoute mission SEP (sclérose en plaques) : 0 800 85 49 76, n° vert

Les numéros d'information et de soutien aux victimes

Allo Enfance Maltraitée : 119, transmissions pour signalement
Aide aux sans abri : 115, n° d'urgence, interventions
GELD Discriminations : 114
ALMA (allô maltraitance personnes âgées) : antennes départementales
Violence Conjugale Femmes Info Service : 01 40 33 80 60
Viol Femmes Informations : 0800 05 95 95
INAVEM (numéro national d'aide aux victimes) : 0 810 09 86 09, n° azur
Jeunes Violences Écoute : 0800 20 22 23, n° vert

Textes de loi

Article 434-3 du Code pénal

Il impose à toute personne qui a eu connaissance de mauvais traitements ou privations infligés à un mineur de moins de 15 ans ou à une personne vulnérable d'en aviser les autorités judiciaires ou administratives. Les personnes tenues au secret de par leur profession, par exemple les médecins, n'ont pas la même obligation de dénonciation. La décision en est laissée à leur seule conscience. Le législateur a pensé ainsi faciliter l'obtention des soins aux enfants maltraités.

Article 71 – Loi du 10 juillet 1989

Un service d'accueil téléphonique gratuit est créé à l'échelon national par l'État, les départements et des personnes morales de droit public ou privé, qui constituent à cette fin un groupement d'intérêt public. Ce service concourt à la mission de prévention des mauvais traitements et de protection des mineurs maltraités prévue à la présente section. La convention constitutive du groupement prévoit des dispositions particulières pour adapter les conditions d'activité du service dans les départements d'outre-mer.

« Ce service répond à tout moment aux demandes d'information ou de conseil concernant les situations de mineurs maltraités ou présumés l'être. Il transmet immédiatement au président du conseil général, selon le dispositif mis en place en application de l'article 68, les informations qu'il recueille et les appréciations qu'il formule à propos de ces mineurs... »

« L'affichage des coordonnées du service d'accueil téléphonique est obligatoire dans tous les établissements et services recevant de façon habituelle des mineurs... »

Loi n° 2001-588 du 4 juillet 2001

Relative à l'interruption volontaire de grossesse et à la contraception, elle assouplit l'exigence de l'autorisation parentale pour une mineure qui souhaite interrompre une grossesse non désirée.

La même loi autorise la délivrance sans prescription médicale, sans autorisation parentale, gratuitement et anonymement de la contraception d'urgence aux mineures.

On le voit, la sexualité des adolescents est reconnue comme leur appartenant hors du regard et de l'autorité de leurs parents. En quelques décennies, au-delà des comportements adolescents qui demeurent assez semblables, l'attitude répressive de la société pour ces mêmes comportements a considérablement évolué.

Table

DES MÊMES AUTEURS

BRIGITTE CADÉAC

Infos Santé Jeunes
éditions de La Martinière Jeunesse,
coll. « Hydrogène », 1998,
réédité et mis à jour en 2002

DIDIER LAURU

Problématiques adolescentes
(sous la direction de)
Érès, 1999

Tomber en amour
Érès, 2001

Tout est psy dans la vie
(avec Gabs, P. Berriau et J. Gabillet)
Eyrolles, 2001

Les professionnels face à la sexualité des adolescents
(sous la direction de Patrice Huerre)
Érès, 2001

Le Transfert adolescent
(sous la direction de)
Érès, 2002

00086003132833
305.235/CAD
CADEAC, Brigitte
Génération téléphone

Achevé d'imprimer en octobre 2002.
N° d'édition : 21049. N° d'impression : 024690/4.
Dépôt légal : novembre 2002.
Imprimé en France